国家社会科学基金一般项目"'双碳'目标下数据要素驱动绿色技术扩散的机制及路径研究"（项目编号：24BJY217）

环境规制、清洁技术偏向 与新时代中国工业 绿色转型研究

孙海波 刘忠璐 ◎ 著

中国财经出版传媒集团

经济科学出版社
Economic Science Press

·北 京·

图书在版编目（CIP）数据

环境规制、清洁技术偏向与新时代中国工业绿色转型
研究／孙海波，刘忠璐著．－－北京：经济科学出版社，
2024.12．－－ISBN 978-7-5218-6469-4

Ⅰ．F424

中国国家版本馆 CIP 数据核字第 2024HK3921 号

责任编辑：周国强
责任校对：孙　晨
责任印制：张佳裕

环境规制、清洁技术偏向与新时代中国工业绿色转型研究

HUANJING GUIZHI，QINGJIE JISHU PIANXIANG YU XINSHIDAI
ZHONGGUO GONGYE LÜSE ZHUANXING YANJIU

孙海波　刘忠璐　著

经济科学出版社出版、发行　新华书店经销
社址：北京市海淀区阜成路甲 28 号　邮编：100142
总编部电话：010 - 88191217　发行部电话：010 - 88191522
网址：www. esp. com. cn
电子邮箱：esp@ esp. com. cn
天猫网店：经济科学出版社旗舰店
网址：http：//jjkxcbs. tmall. com
北京季蜂印刷有限公司印装
710 × 1000　16 开　14 印张　210000 字
2024 年 12 月第 1 版　2024 年 12 月第 1 次印刷
ISBN 978 - 7 - 5218 - 6469 - 4　定价：78.00 元
（图书出现印装问题，本社负责调换。电话：010 - 88191545）
（版权所有　侵权必究　打击盗版　举报热线：010 - 88191661
QQ：2242791300　营销中心电话：010 - 88191537
电子邮箱：dbts@ esp. com. cn）

前　言

　　当前，中国特色社会主义进入新时代。新时代新阶段的发展必须贯彻新发展理念，必须是高质量发展。党的二十大也把高质量发展明确作为全面建设社会主义现代化国家的首要任务。"十四五"开局之年，绿色正在成为高质量发展的鲜明底色。工业作为国民经济命脉，推动工业绿色转型已经成为社会经济实现绿色高质量增长的内在要求。中国工业经济高速发展的背后是高污染、高耗能的工业发展模式，造成了资源浪费、环境恶化、结构失衡等问题，严重影响社会经济发展甚至危及人们生活质量。《2019年环境统计年报》数据显示，中国工业的二氧化硫排放量、氮氧化物排放量、中颗粒物排放量、固体废物产生量分别为 395.4 万吨、633.6 万吨、925.9 万吨、44.1 亿吨。《中国统计年鉴（2021）》数据显示，中国工业能源消耗总量为 322503 万吨标准煤。既有数据表明中国工业环境绩效不佳，也反映出加快工业绿色转型的迫切性。

　　面对工业领域资源能源消耗量增强，生态环境问题不断凸显，工业和信息化部于 2012 年制定《工业节能"十二五"规划》，坚持把发展资源节约型、环境友好型工业作为转型升级的重要着力点，把节能减排作为转方式、调结构的重要抓手，大力推进技术改造，推广节能环保新技术。2021年 12 月，工业和信息化部又发布《"十四五"工业绿色发展规划》，确立了"十四五"工业绿色发展的主要目标，到 2025 年，工业产业结构、生产方式绿色低碳转型取得显著成效。在环境承载力已经达到极限的情况下，依靠传统技术进步提高工业绿色全要素生产率的边际效益骤降，清洁技术成为实现中国工业发展方式绿色转变的核心动力。与此同时，环境规制作为政府解决市场失灵的主要工具，能够有效诱导企业创新选择，从而推动工业生产方式转变。那么，在工业绿色转型的攻坚时期，深入探究环境规制、清洁技术偏向对工业绿色转型的影响，对于促进工业经济增长与环境质量协同发展具有重要的理论价值与现实意义。

本书以工业绿色转型问题为导向，以环境规制和清洁技术偏向为着眼点，通过系统地对相关经典理论与国内外前沿文献进行梳理，总结当前文献的可拓展之处。首先，从探寻中国工业绿色转型特征事实出发，借助SBM模型和Luenberger生产率指数对工业绿色转型水平进行测度与分析。其次，从多角度、深层次考察了环境规制、清洁技术偏向与工业绿色转型三者中之间的关系，以及探究了环境规制与清洁技术偏向激励配合对工业绿色转型的作用效果。实证分析过程中本研究综合利用固定效应模型、面板门槛回归模型、Tobit模型、面板平滑迁移模型、双重差分模型、空间杜宾模型、中介效应模型、调节效应模型等计量方法对变量之间关系与影响机制进行检验。最后，在实证分析基础上，本书得出相应研究结论与政策启示。本书主要内容及结论如下：

第一，本书运用SBM模型和Luenberger生产率指数测度了中国工业绿色转型水平，并借助Dagum基尼系数和核密度估计方法揭示了工业绿色转型水平的区域差异及动态演进。研究发现，中国工业绿色转型水平整体呈现出上升态势。从分地区来看，2013年之前，中部地区和西部地区的工业绿色转型水平要高于东部地区，2013年之后，东部地区工业绿色转型水平明显高于中、西部地区。此外，我国工业绿色转型呈现出很明显的区域不均衡现象，并且主要来源于区域间差异。从动态演进来看，中国工业绿色转型水平的省际差距越来越大。

第二，本书从行业视角考察环境规制对工业绿色转型的影响，明确环境规制对工业绿色转型的作用机理。此外，本书还探讨了环境规制与清洁技术创新对工业绿色转型的交互影响以及这种影响的行业差异。研究结果表明，一是环境规制对工业绿色转型的影响存在显著的门槛效应，只有在环境规制低于一定门槛值时，才能促进工业绿色转型；二是环境规制能够正向影响清洁技术创新对工业绿色转型的作用效果；三是与污染型行业相比，环境规制与清洁技术创新的交互效应在清洁型行业中更为显著。

第三，本书从企业视角探析了不同类型环境规制对工业绿色转型的影响机理，并结合中国工业企业数据，采用固定效应模型进行实证检验。本书通过引入环境规制平方项，验证不同类型环境规制与工业绿色转型之间是否存在非线性关系。研究结果表明，投资型环境规制和费用型环境规制对工业绿色转型的影响均表现出先促进后抑制的倒 U 形特征。费用型环境规制只在当期可以抑制外资进入对工业绿色转型的不利影响，而投资型环境规制不仅在当期有效，滞后期依然发挥作用。异质性分析发现，费用型环境规制仅能够改善资本密集型行业中外资进入对工业绿色转型的不利影响，而投资型环境规制在不同行业均能抑制外资进入对工业绿色转型的不利影响。

第四，本书通过阐释清洁技术偏向对工业绿色转型的影响机理，然后构建 Tobit 模型和 PSTR 模型，就清洁技术偏向与工业绿色转型影响之间的关系进行实证检验。研究表明，技术进步朝清洁化方向发展能够显著促进工业绿色转型，但分地区来看，清洁技术偏向对工业绿色转型的影响存在显著的区域差异。此外，清洁技术偏向对工业绿色转型的影响呈现出非线性特征，并且二者之间的关系受环境规制强度影响。在环境规制门限条件下，中部和西部地区只有环境规制强度高于一定门限值后，清洁技术偏向才能显著促进工业绿色转型；而对于东部地区而言，严格的环境规制将抑制清洁技术偏向对工业绿色转型的促进作用。

第五，为了检验市场型环境规制的清洁技术偏向效应，本书以碳排放权交易试点政策为例，采用 DID 模型评估碳排放权交易试点政策对低碳技术创新的影响。结果显示，碳排放权交易机制能够显著促进低碳清洁技创新，改变窗口期、PSM-DID 与安慰剂检验均验证了这一发现的稳健性。动态效应检验表明，随着时间的推移，碳排放权交易机制对低碳清洁技术创新的影响将逐渐增强。异质性分析表明，碳排放权交易机制对低碳清洁技术创新的政策效果在广东、湖北、天津和重庆四个试点地区较为明显。机制分析发现，市场化水平和绿色消费观念可以正向调节碳排放权交易机制对低碳清洁技术创新的影响，产业结构升级在碳排放权交易机制与低碳清洁技术创新之间起正向中介作用。

第六，为了检验命令型环境规制的清洁技术偏向效应，本书基于上市公司微观数据，将《大气污染防治行动计划》实施为准自然实验，通过构建双重差分模型，考察大气污染协同治理对企业清洁技术创新的影响。研究发现是大气污染协同治理能够显著促进企业清洁技术创新。异质性分析表明，大气污染协同治理对企业清洁技术创新的促进作用主要体现在对绿色实用新型专利的影响。就企业污染类型而言，大气污染协同治理能够有效促进非重污染企业的清洁技术创新，对重污染企业清洁技术创新未产生显著影响。机制检验发现，研发投入在大气污染协同治理对企业清洁技术创新的影响中起正向中介作用，政府补贴可以正向调节大气污染协同治理对企业清洁技术创新的促进作用。

第七，基于空间溢出视角，本书将环境规制、清洁技术偏向与工业绿色转型纳入统一分析框架，理论阐释了环境规制与清洁技术偏向对工业绿色转型空间影响机制。本书运用空间杜宾面板模型检验了环境规制与清洁技术偏向对工业绿色转型的空间影响效应。结果表明，环境规制对本地工业绿色转型的影响表现为倒 U 形特征，而邻近地区的环境规制对本地工业绿色转型的影响呈现出 U 形特征。清洁技术偏向能够显著推动本地工业绿色转型，但受制于创新存量的影响，邻地清洁技术偏向并未对本地工业绿色转型产生显著影响。进一步研究发现，环境规制能够强化清洁技术偏向对本地工业绿色转型的促进作用，但邻地环境规制对清洁技术偏向的影响不能传导到本地。

目　录

第 1 章

绪 论

1.1 研究背景

经过改革开放几十年的发展，中国经济和社会发展取得的巨大成就，人民物质与文化生活质量得到显著提升。中国也实现了从以农业为主到工业大国的历史性转变，成为世界第二大经济体，综合国力稳步增强。党的十九大报告指出："经过长期努力，中国特色社会主义进入了新时代"。新时代是继往开来的新发展阶段，在已有经济基础之上，就会有新的矛盾与新的需求。人民日益增长的美好生活需要和不平衡不充分的发展之间的矛盾是新时代中国特色社会主义的主要矛盾。其中，高质量的绿色产品、清新的空气与优美整洁的生活环境是新时代人民对美好生活的需求。然而，过去传统的"粗放式"经济发展模式，虽然创造了巨额的物质财富，但是在绿色产品供给上却显得尤为不足。进一步，遭受破坏的自然环境，污染的空气、水、土壤等也使得绿色产品供给与需求之间的不平衡加剧。这些都与新时代人民对美好生活的愿景相背离。因此，为了化解这一矛盾，在新时代，中国必须走向绿色高质量发展的道路。绿色高质量发展将经济增长与生态保护相结合，将打破原有的环境资源瓶颈，创造出新的可持续的经济增长点，引领新时代经济社会永续发展。习近平总书记提出"绿水青山就是金山银山"的理论，明确生态环境的保护与改善既是在积累与创造物质财富，同时也能有效解决绿色产品供需失衡问题。可见，经济绿色高质量发展是化解新时代社会主要矛盾的可行方式。

要想实现经济绿色高质量发展，需要各产业的绿色转型，尤其是工业。一方面，工业在中国经济发展中一直居于主导地位。工业的发展壮大对其他产业部门的快速发展产生重要的推动作用，其带来的经济红利也为中国经济的崛起作出了突出的贡献。另一方面，工业一直以来粗放式的发展模式，使得工业的能源消耗与污染排放也明显高于其他行业。《2019 年环境统计年报》数据显示，中国工业的二氧化硫排放量、氮氧化物排放量、中颗粒物排放量、固体废物产生量分别为 395.4 万吨、633.6 万吨、925.9 万吨、44.1 亿吨。《中国统计年鉴（2021）》数据显示，中国工业能源消耗总量为 322503 万吨标准煤。既有数据表明中国工业环境绩效不佳，也反映出加快工业绿色转型的迫切性。新时代中国经济要绿色高质量发展，不再过分追求经济体量的增长，而是要实现全面与可持续发展。此外，当前中国已提出了碳达峰碳中和的目标。作为中国能源消耗与碳排放的主要领域，工业部门实现碳达峰也成为重中之重。因此，不管是新时代中国经济绿色高质量发展，还是新时代中国"双碳"目标的实现，这些都要求工业绿色转型。同时，工业绿色转型也是解决新时代环境资源问题、建设生态文明与化解社会矛盾的重要路径。

政府部门一系列政策措施的出台，也明确了完成工业绿色转型的决心。例如，《工业绿色发展规划（2016—2020 年）》明确了要加快推进工业绿色发展；《"十四五"工业绿色发展规划》指出，"十四五"期间工业绿色发展的主要目标；《工业领域碳达峰实施方案》明确了工业绿色低碳转型的路径。可见，新时代工业绿色转型势在必行。那么，如何推动新时代中国工业绿色转型？新时代工业绿色转型是要实现工业各生产要素之间更加合理配置、能源消耗大幅度降低、二氧化硫等污染物排放逐渐减少。然而，考虑到污染排放的负外部性特征，单靠市场机制来促使工业企业节能减排的效果可能不理想。这时，政府环境规制作为"有形之手"，可以在一定程度上有效弥补市场工具本身的"市场失灵"的不足。为了促进经济绿色高质量发展，政府出台了一系列法律、法规和规章，涉及税收、价格、协同等诸多方面的环境规制政策。这些日趋严格的环境规制政策迫使企业不得不参与到减少污染物排放的治理当中，从而实现将污染的外部成本划归为内部成本，在短期必然会给工业企业造成一定的成本负担，对其盈利产生不利影响。但是，长期来看，工业企业可能会在节约能源消耗、提高生产率等方面建立起更为可持续的竞争力，从而实现绿色转型。党的十九大报告强调要推进绿色发展，加快建立绿色生产的法律制度和政策导向。可见，环境规制已经成为新时代经济绿色高质量发展的重要途径。那么，环境规制对新时代中国工业绿色转型会有怎样的影响？又是通过什么机制来实现这一影响？

此外，在资源日益短缺、环境问题日益严重的当前，再加上人口红利的日益消退，传统以要素驱动为主的工业发展模式已不再适用，创新驱动工业发展才是提供工业可持续发展的永久动力。《工业绿色发展规划（2016—2020 年）》明确了加快推进工业绿色发展，扎实推进清洁生产与加快绿色科技创新的方针策略。《"十四五"工业绿色发展规划》中也明确指出创新是培育和壮大工业绿色发展新动能的第一驱动力。在国家政策引导下，中国的创新能力得到稳步提升。从专利授权数量来看，2020 年中国发明专利授权 53.0 万件。[1] 创新能力的提升在很大程度上取决于中国在创新上面的投入。中国研发经费支出自 2019 年开始突破 2 万亿元，2021 年达到了 27864 亿元。[2] 然而，与创新强国相比，中国的创新质量水平还有待提升。工业要实现绿色转型，离不开清洁技术创新。清洁技术创新一方面可以提高能源使用效率，另一方面可以降低污染物排放，最终能促进工业绿

---

① 国家知识产权局战略规划司 2021 年《知识产权统计简报》。
② 《2019 年全国科技经费投入统计公报》。

色全要素生产率的提升。已有研究表明，创新要素投入与配置结构的合理程度会对创新质量产生较大影响（靳来群等，2019；袁胜军等，2020）。同时，创新是存在要素偏向的（张冕和俞立平，2022）。这就需要创新在投入要素结构及配置方式上寻找突破口。因此，以清洁技术偏向为视角，探究中国工业绿色转型的路径是有必要的。

进一步，环境规制是对各类污染环境的行为进行规制，本质上是将污染排放的负外部性转化为内部成本。对于工业发展来说，环境规制是一种压力，倒逼工业绿色转型。与之不同，清洁技术偏向是生产过程中技术创新的清洁偏向，本质上是通过减少污染物排放来创造价值（Du，Cheng and Yao，2021）。对于工业发展来说，清洁技术偏向是一种动力，激励工业绿色转型。"波特假说"认为环境规制可以刺激技术创新（Porter，1995）。那么，环境规制的外部压力会不会通过清洁技术偏向转化为工业绿色转型的内部动力呢？因此，在新时代背景下，本书以中国工业绿色转型为研究对象，以环境规制与清洁技术偏向为切入点，系统探究环境规制、清洁技术偏向与中国工业绿色转型之间的关系，剖析环境规制与清洁技术偏向对工业绿色转型的影响机制。这对于探寻新时代中国工业绿色转型路径，具有一定的参考价值。

1.2 研究意义

1.2.1 理论意义

（1）本书分别基于行业和企业视角，详细地探讨了环境规制与工业绿色转型之间的关系。一方面，本书着眼于多元化环境规制的影响效应，丰富了环境规制与工业绿色转型的相关研究内容。通过检验不同类型环境规制对工业绿色转型的作用效果，有助于探寻工业绿色转型的主要规制路径。另一方面，识别了环境规制与工业绿色转型之间的非线性特征，并在此基础上探究了环境规制能否通过引致清洁技术创新进而间接促进工业绿色转型。这既可以为环境规制体系的完善提供理论依据，又可以为工业绿色转型提供经验证据。

（2）本书着眼于环境规制政策的清洁技术偏向效应，从市场型环境规制和命令型环境规制两个层面评估不同环境规制政策对清洁技术创新的影响。关于市场型环境规制，本书重点考察了碳排放权交易试点政策对低碳清洁技术创新的作用效果。关于命令型环境规制，本书从地区协同治理视角评估《大气污染防治行动计划》的实施效果。针对不同试点地区的异质性、创新异质性和企业异质性多角度探究环境规制政策对清洁技术创新的影响，从而更加准确地刻画了环境规制政策的清洁技术偏向效应。此外，本书分别从市场化、绿色消费观念与产业结构三条途径识别了环境规制政策对清洁技术创新影响的宏观机制，从研发投入与政府补贴两个渠道深入剖析环境规制政策对清洁技术创新影响的微观机制，进而丰富了环境规制政策影响清洁技术创新的路径研究。

（3）本书以环境规制为门限变量，建立清洁技术偏向与工业绿色转型的面板平滑迁移模型，判断门限效应的存在性及阈值数，以此检验环境规制对清洁技术偏向与工业绿色转型之间关系影响的结构特征。考虑到经济发展过程中，环境规制与清洁技术偏向可能存在区域间的空间相关和空间依赖关系。为此，本书在考察环境规制与清洁技术偏向对中国工业绿色转型影响程度基础上，检验了两者的空间溢出效应。为了捕捉交互影响，本书通过引入环境规制与清洁技术偏向交互项，进而判别两者之间是叠加效应还是消减效应。

1.2.2 现实意义

（1）为政府部门通过制定差异化的环境规制政策促进工业绿色转型提

供决策依据。环境规制对工业绿色转型的影响涉及不同的规制主体，从地区到行业再到企业应避免采用单一环境规制工具。本书采用合适的计量研究方法，客观地探讨环境规制对中国工业绿色转型的影响，以及环境规制约束下清洁技术创新对工业绿色转型的作用效果，从而提出相关政策建议，更好地促进中国工业绿色转型。

（2）为优化清洁技术创新激励政策提供指导意见。坚持"绿水青山就是金山银山"的发展理念，强化绿色发展的法律和政策保障，政府部门可以通过环境规制工具影响工业企业技术进步方向进而推动其绿色发展，促进企业清洁技术创新。环境规制政策是中国工业践行绿色发展理念一条重要途径，通过探究环境规制政策的清洁技术偏向效应，准确评估环境规制政策的实施效果，有助于政府部门深度挖掘政策短板，为优化清洁技术创新激励政策提供客观依据。

（3）为探寻工业绿色转型的可行路径，实现工业绿色可持续发展目标提供有效参考。本书基于多角度、多主体客观地阐述了环境规制、清洁技术偏向与中国工业绿色转型之间的内在关联。并厘清环境规制与清洁技术偏向对工业绿色转型的影响途径。这有助于通过调整相关经济变量，优化工业绿色转型过程中各项影响因素的适配性，从而丰富了中国工业绿色转型的可行路径。

1.3 研究内容

1.3.1 研究对象

本书重点探寻环境规制和清洁技术偏向影响工业绿色转型的机制和效果。第一，本书对中国工业绿色转型水平进行测算并对其进行区域差异分

解，同时还探究工业绿色转型水平动态分布特征。第二，本书分别从行业
和企业层面探讨了环境规制对工业绿色发展的影响。第三，本书分析了清
洁技术偏向对工业绿色转型影响的区域差异及门槛特征。第四，本书实证
检验不同类型环境规制政策的清洁技术偏向效应。第五，本书检验了环境
规制和清洁技术偏向对中国工业绿色转型的空间影响。最后，为实现我
国工业绿色转型的目标，本书结合理论分析及实证结果对现有政策进行
优化。

1.3.2 研究总体框架

通过机理分析和实证检验相结合，保证本书论证过程的科学性。本
书将环境规制、清洁技术偏向与工业绿色转型纳入一个分析框架，在
详细分析环境规制和清洁技术偏向对工业绿色转型影响机制的基础上，
运用多种实证方法对其进行检验并提出对策思路，具体框架如图1.1
所示。

1.3.3 研究目标

当前，中国工业发展过程中传统行业所占比重依然较高，能源结构偏
煤、能源效率偏低的状况没有得到根本性改变，重点区域、重点行业污染
问题没有得到根本解决，推动中国工业绿色低碳转型任务十分艰巨。本书
基于这一现实背景，以探寻新时代中国工业绿色转型路径为出发点，以检
验环境规制、清洁技术偏向对工业绿色转型的影响为重心。通过理论分析
环境规制、清洁技术偏向与工业绿色转型之间的内在关联，以之为依据，
结合法规和政策实践提出合理的环境规制与清洁技术偏向激励政策，并基
于多角度实证检验结果，筛选得到最终政策建议，为加快中国工业绿色转
型提供参考。

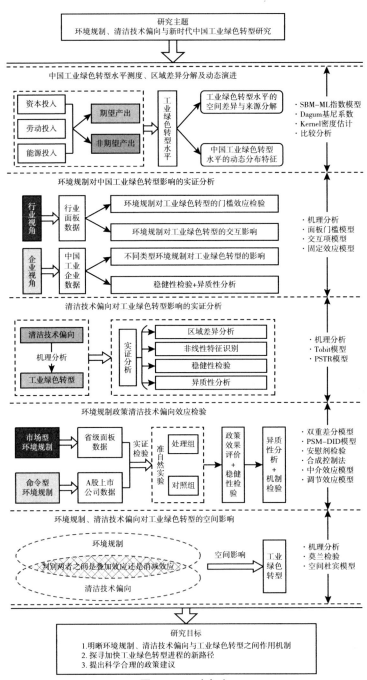

图1.1　研究框架

1.3.4 具体内容

第 1 章为本书的绪论部分。首先,阐述了选题背景,并从理论意义与现实意义两个方面介绍了本书研究的意义。其次,介绍了本书的主要内容以及研究思路与方法。最后,介绍了本书研究的创新与不足之处。

第 2 章为本书的理论回顾与文献综述部分。首先,本章重点回顾了绿色发展理论、环境规制理论、技术创新理论、产业发展理论和产业结构升级理论。其次,针对环境规制、清洁技术创新和工业绿色转型三个层面的国内外文献进行系统综述。最后,结合本书的整体架构,对相关国内外文献进行述评。

第 3 章为中国工业绿色转型水平测度、区域差异分解及动态演进。首先,考虑到工业发展不仅对能源需求巨大,同时也引发严重的环境污染问题。这就使得在对工业绿色转型水平进行测算时需要综合考虑能源与环境因素。为此,本章利用 SBM 模型和 Luenberger 生产率对中国 30 个省份工业绿色转型水平进行测度。其次,考虑到经济活动、经济现象的不均衡分布是区域经济的一种常态,分析区域经济差异及其成因,对于加快落后地区的发展、保持发达地区的竞争力具有重要意义。对此,本章借助 Dagum 基尼系数及其分解探究了工业绿色转型水平的区域差异,重点分析了工业绿色转型水平总体差异、区域内差异、区域间差异以及区域差异来源和贡献率。最后,考虑到 Dagum 基尼系数及其分解对工业绿色转型水平的区域差异及其来源进行分析。但是这种方式无法刻画工业绿色转型水平的区域绝对差异与动态演进。本章进一步采用核密度估计法探究了全国和分地区层面工业绿色转型水平动态分布特征。

第 4 章为行业视角下环境规制对工业绿色转型的影响研究。本章从行业异质性视角,客观阐释环境规制对工业绿色转型的作用机理,并探讨环境规制与清洁技术创新对工业绿色转型的交互效应及其在行业间的差异。

本章基于中国工业行业数据，通过构建面板门槛回归模型检验环境规制对工业绿色转型的影响，其检验结果有助于从行业层面揭示环境规制与工业绿色转型之间的非线性特征。在此基础上，本章构建一个包含环境规制与清洁技术创新交互项的面板数据模型，检验环境规制和清洁技术创新的交互效应对工业绿色转型的作用效果，其检验结果有助于深入挖掘环境规制能如何调节清洁技术创新对工业绿色转型的影响。最后，本章还检验了环境规制与清洁技术创新交互效应的行业差异，这将为通过制定差异化的环境规制政策促进工业绿色转型提供经验证据。

第 5 章为微观企业视角环境规制对工业绿色转型的影响研究。工业快速发展的同时，也对生态环境造成严重的破坏。环境规制体系是中国环境管理正式制度中最为重要的政策体系，政府部门通过环境规制进行污染防治也成为必然趋势。那么，从多元化环境规制层面，探究不同类型环境规制与工业绿色转型之间的关系，可以更好地揭示不同类型环境规制对工业绿色转型的作用效果。基于此，本章在控制企业微观特征的影响下，检验了不同类型环境规制对工业企业绿色转型的影响。考虑到外资在工业发展过程中起到重要作用，但是关于外资进入存在"污染避难所"效应和"污染光环"效应的争议。为此，本章又检验了不同类型环境规制如何影响外资进入与工业绿色转型的关系。

第 6 章为清洁技术偏向对工业绿色转型影响的区域差异及门槛特征。环境承载力达到或接近极限的情况下，传统技术进步对工业绿色转型的边际效益骤降。清洁技术进步才是实现中国工业绿色转型的核心动力。本章重点探讨清洁技术偏向对工业绿色转型的影响效果的区域差异以及二者之间是否存在非线性关系。首先，本章基于中国省级面板数据，从区域异质性视角，通过构建面板 Tobit 模型检验了清洁技术偏向对工业绿色转型的影响。其次，考虑到清洁技术偏向对工业绿色转型的影响效果更倾向于连续变化，进而本章以环境规制作为门限变量，构建面板平滑迁移模型，检验在不同环境规制强度下，清洁技术偏向对工业绿色转型的作用效果变动情况。最后，鉴于不同区域环境规制强度存在显著差异，进而导致清洁技术偏向对工业绿色转型的影响效果存在不同。本章进一步考察了清洁技术偏向与工业绿色转型之间非线性特征的区域差异。

第 7 章以碳排放权交易试点政策为例，探究了市场型环境规制政策清洁技术偏向效应。碳排放权交易政策作为一项重要的市场激励型环境政策，本章基于中国省级面板数据，构建双重差分模型检验了试点政策对低碳清洁技术创新的政策效应及动态影响，旨在完善碳排放权市场建设提供经验支持。考虑到不同试点地区政策效果可能存在不同，对此本章采用合成控制法考察了碳交易市场建设对各试点地区低碳清洁技术创新的差异化影响，揭示不同试点区域政策效果是否存在异质性，从而更加准确地刻画碳排放权交易试点政策对低碳清洁技术创新的影响。此外，本章从市场化、绿色消费观念与产业结构三个层面阐释了碳排放权交易试点政策对低碳清洁技术创新的影响路径，并构建中介效应模型和调节效应模型进行机制检验。

第 8 章以《大气污染防治行动计划》为例，探究了命令型环境规制政策清洁技术偏向效应。大气污染协同治理在污染物减排方面表现出良好效果，其对清洁技术创新的影响效果如何？当前研究对此涉及较少。基于此，本章使用上市公司微观数据，将《大气污染防治行动计划》实施视为准自然实验，从企业清洁技术创新出发，考察大气污染协同治理对企业清洁技术创新的影响。首先，本章阐释大气污染协同治理对清洁技术创新的影响机制，在此基础上，构建双重差分模型检验大气污染协同治理的清洁技术偏向效应，并通过一系列稳健性检验增加实证研究结论的可靠性。其次，考虑到不同清洁技术创新研发的难易程度及申请专利的审批条件等因素可能存在差异，不同类型企业的污染排放程度也是不同的。对此，本章通过分组检验，揭示了大气污染协同治理对清洁技术创新的影响效果存在异质性。最后，本章从研发投入与政府补贴两个渠道深入剖析了大气污染协同治理对清洁技术创新的影响机制，从而丰富了大气污染协同治理影响清洁技术创新的路径研究。

第9章为环境规制、清洁技术偏向对中国工业绿色转型的空间影响研究。本章基于空间溢出视角，将环境规制、清洁技术偏向与工业绿色转型纳入统一分析框架，理论阐释了环境规制与清洁技术偏向对工业绿色转型空间影响机制。考虑到空间杜宾模型兼具空间自回归模型和空间误差模型的特点，能够更为有效地解决系数估计的偏误问题。因此，本章构建空间杜宾模型检验清洁技术创新、环境规制对工业绿色转型的空间影响。在探究环境规制对工业绿色转型的空间影响时，本章有别于以往研究仅局限于环境规制与工业绿色转型的线性空间效应，而是探讨了环境规制与工业绿色转型的非线性空间关系。最后，本章通过构建基于空间计量技术的调节效应模型，检验环境规制与清洁技术偏向的交互影响是否存在本地效应和邻地效应。

第10章为结论与政策启示。只有把握区域工业绿色转型速度的空间差异，才能更好地制定合理的区域发展政策。为此，本章结合第3章中测算出的各地区工业绿色转型水平、工业绿色转型水平的区域差异，以及工业绿色转型水平动态分布特征，提出符合各地区工业绿色发展需求的相关政策。此外，为了加速中国工业绿色转型步伐，需要综合考虑环境规制与清洁技术偏向的影响，本章还以机理演绎和实证分析结果为依据，结合不同地区工业绿色转型的特征，及其政策变化的敏感度，提出差异化的环境规制与清洁技术偏向激励政策。

1.4 研究思路与方法

1.4.1 基本研究思路

本书以工业绿色转型问题为导向，沿着四个层面展开。

（1）机理分论层面。多角度地探究环境规制、清洁技术偏向与中国工业绿色转型三者之间的内在逻辑关系。在此基础上，深层次地阐释了环境规制与清洁技术偏向对工业绿色转型的影响机理。

（2）指标测算层面。关于工业绿色转型指标的测算是本书的基础和重点。陈诗一（2010b）研究指出，中国工业绿色转型的本质就是通过技术创新的方式促使工业绿色全要素生产率持续改善。为此，本书采用 SBM 模型和 Luenberger 生产率指数，对工业绿色全要素生产率进行测算，并对测算结果进行分析，初步探究了中国工业绿色转型的空间演化格局。

（3）实证分析层面。一是从行业层面检验环境规制对工业绿色转型的影响效应；二是基于微观企业视角再次检验环境规制对工业绿色转型的作用效果；三是探究了清洁技术偏向对工业绿色转型影响的区域差异以及门限效应；四是分别从市场型环境规制和命令型环境规制两个层面检验了不同环境规制政策对清洁技术偏向效应的影响；五是采用空间计量模型考察了清洁技术偏向与环境规制对工业绿色转型的空间影响。

（4）政策建议层面。结合机理分析与实证检验结果，提出有助于加快中国工业绿色转型的合理化建议。

1.4.2 具体研究方法

本书采用定性分析与定量分析相结合，理论推演与实证检验相结合的研究手段，利用 MATLAB、STATA 等软件实现本书的实证检验和数据可视化。具体研究方法如下：

在理论回归与文献综述部分，本书通过对国内外相关文献进行梳理，总结环境规制、清洁技术偏向与工业绿色转型的最新研究成果，从而能够全面了解相关研究进展，把握已有研究的贡献及不足之处。此外，在对绿色发展理论、环境规制理论、技术创新理论、产业发展理论与产业升级理论总结的基础上，深层次地剖析了环境规制、清洁技术偏向与工业绿色转型三者间的内在关系与作用机理。

在对中国工业绿色转型水平测度时，本书主要借助 SBM 方向性距离函数和 Luenberger 生产率指数进行测度。在此基础上，本书采用 Dagum 基尼系数及其分解方法对工业绿色转型水平的区域差异进行定量分析。为了进一步刻画工业绿色转型水平的区域绝对差异与动态演进，本书又采用了核密度估计法考察了工业绿色转型水平的动态分布特征。

在从微观企业视角环境规制对工业绿色转型的影响时，本书构建了固定效应模型检验不同类型环境规制对工业绿色转型的作用效果。在从行业视角检验环境规制对工业绿色转型的影响时，本书构建面板门槛回归模型检验环境规制对工业绿色转型的非线性影响。该模型的优点是不仅可以自动判别门槛值的个数而且可以确定具体的门槛值，还能够以严格的统计推断方法对门槛值进行参数估计和假设检验。此外，本书还构建了交互项模型检验了环境规制与清洁技术创新对工业绿色转型的交互影响。

在对环境规制政策清洁技术偏向效应进行检验时，考虑到 DID 模型不仅可以控制不随时间变化的异质性，还可以克服逆向因果关系导致的内生性问题。为此，本书构建 DID 模型，分别从宏观层面识别碳排放权交易试点政策对低碳清洁技术创新的影响，从微观层面识别大气污染协同治理政策对清洁技术创新的影响。DID 模型的主要思想是将样本进行分组，其中，一组是受政策影响的处理组，另一组是不受政策影响的控制组，通过对比处理组与控制组在政策实施前后某项指标的变化，可以估计出政策效应。在稳健性检验部分，本书主要采用改变窗口期、PSM-DID 估计与安慰剂检验等方式进行稳健性检验。同时，本书利用了合成控制法检验了不同试点地区碳交易政策实施效果的差别。最后，本书还使用调节效应模型和中介效应模型进行了机制检验。

在基于中国省级面板数据探究清洁技术偏向对工业绿色转型影响的区域差异时，本书考虑到工业绿色转型指标均大于 0，具有明显的截尾特征。如果采用普通最小二乘法进行参数估计，将会导致估计结果存在偏误。为此，本书构建面板 Tobit 模型考察了清洁技术方向对工业绿色转型影响效果的区域差异。在检验清洁技术偏向对工业绿色转型的影响是否存在环境规制门槛效应时，本书考虑到以环境规制作为门限变量，清洁技术偏向对工业绿色转型的影响效果更倾向于连续变化。因此，本书构建 PSTR 模型，检验在不同环境规制强度下，清洁技术方向对工业绿色转型的作用效果变动情况。最后，在检验环境规制、清洁技术偏向对中国工业绿色转型的空间影响效应时，本书以空间杜宾模型进行实证检验。空间杜宾模型兼具空间自回归模型和空间误差模型的特点，能够更为有效地解决系数估计的偏误问题。

1.5　研究创新与不足

1.5.1　研究创新

（1）补充了环境规制对工业绿色转型线性影响方面的探讨。通过梳理现有文献，我们发现鲜有文献基于中国工业企业数据，从多元化环境规制视角探讨环境规制与工业绿色转型之间的关系。为此，本书使用中国工业企业数据，在控制企业微观特征的影响下，检验了不同类型环境规制对工业绿色转型的非线性影响。在此基础上，我们还从行业视角对环境规制与中国工业绿色转型之间的非线性特征进行再检验。此外，考虑到环境规制与清洁技术创新之间可能存在交互作用，共同影响工业绿色转型。为了捕捉交互影响，本书通过引入环境规制与清洁技术创新交互项的方法进行实证检验，进而判别两者之间是叠加效应还是消减效应。

（2）丰富了环境规制政策清洁技术偏向效应检验。本书从宏观和微观两个层面出发，检验了不同类型环境规制政策的清洁技术偏向效应。第一，本书将中国碳排放权交易试点政策视为准自然实验场景，就该政策对低碳清洁技术创新的影响效果与作用机制进行深入分析。为了深入刻画碳排放权交易试点政策对低碳清洁技术创新的作用效果，本书采用了合成控制法探析了碳交易市场建设对不同试点地区低碳清洁技术创新的差异化影响。第二，本书基于上市公司微观数据，从地区协同治理层面探究了《大气污染防治行动计划》的实施对企业清洁技术创新的影响，同时还考察了大气污染协同治理效果在异质性主体中的表现，以更加准确地评估政策实施对清洁技术创新产生的影响。本书通过从微观和宏观两个维度准确地估计出政策冲击效果，为环境政策制定奠定理论基础，这些问题的研究具有一定的创新性。

（3）填补了环境规制、清洁技术偏向与中国工业绿色转型三者之间的逻辑关系研究。我国不同区域经济环境方面相差较大，各地区工业技术创新资源配置也存在明显差异。这也就使得区域间技术创新积累速度有所差别，导致区域清洁技术偏向表现出不平衡特征，从而影响了清洁技术创新对地区工业绿色转型的效果。对此，本书通过构建面板 Tobit 模型检验了清洁技术偏向对工业绿色转型影响的区域差异。同时，本书还以环境规制强度为门限变量，建立清洁技术偏向与工业绿色转型的面板平滑迁移模型，判断门限效应的存在性及阈值数，检验环境规制对清洁技术偏向和工业绿色转型作用的结构特征和作用效果。最后，考虑到经济发展过程中，清洁技术偏向可能存在区域间的空间相关和空间依赖关系。为此，本书进一步检验了环境规制与清洁技术偏向的空间溢出效应，试图从空间视角为研究新时代中国工业绿色转型问题提供一个新思路。

1.5.2　研究不足与未来展望

本书虽然多角度探究了环境规制、清洁技术偏向与新时代中国工业绿色转型之间的内在关联，但仍存在一定局限性。第一，受到部分变量的限制，本书未能获得最新的研究数据；第二，在变量影响机制检验方面还存在一些我们尚未认识到的机制，有待进一步深入挖掘。针对上述不足之处，在未来研究中我们将试图建立工业绿色转型的理论框架，梳理演绎环境规制和清洁技术偏向对工业绿色转型的作用机制，并结合我国相关经济数据进行数值模拟，对工业绿色转型的动因进行理论探讨。此外，针对新时代中国工业绿色转型面临新困难与新挑战，我们将继续深入探究中国工业绿色转型的新问题。

第2章
理论回顾与文献综述

2.1　相关理论回顾

2.1.1　绿色发展理论

随着经济理论的发展，经济学家也对不同时期的绿色发展问题进行了不同层面的探索和阐述。古典政治经济学家认为，资本主义生产方式是有利于促进经济增长的，但实现社会财富增长应注意人与自然之间和各阶级之间利益关系的协调，这为绿色发展提供了朴素的理论阐释（周小亮，2020）。

古典经济增长理论认为资本积累与劳动在经济发展中起决定性的作用因素。新古典经济学家辩证地认同了古典经济学家的观点，并指出技术进步才是决定经济增长的关键因素。但新古典经济学理论将技术进步视为外生变量，且未明确技术进步的动力来源。内生增长理论在一定程度上克服了这一缺陷，认为技术进步是内生变量，是保证经济增长的决定因素。20世纪50年代以来，西方国家工业化快速发展的同时，也出现了严重的环境污染问题。这使得人们意识到生态环境的重要性，众多学者开始针对生态经济和可持续发展问题展开深入探讨。德内拉·梅多斯等在《增长的极限》一书中，针对经济增长与生态系统之间的关系展开研究，这也是关于可持续发展的开创性研究。凯沃 - 奥亚等（Kaivo-Oja, Luukkanen and Malaska, 2001）指出，可持续发展是由生态、经济和社会文化三个方面共同构成。伴随可持续发展理念的深入，人们也越来越注重经济社会发展中的资源和环境问题。关于绿色经济的思想最早是由皮尔斯等（Pearce, Anil and Edward, 1989）在《绿色经济蓝皮书》中提出。2012 年"里约 + 20"峰会首次提出"包容性绿色增长"。吴武林等（2018）认为包容性绿色增长是绿色增长与包容性增长的结合，并将其定义为一种追求经济增长、社会公平、成果共享、资源节约和生态环境良好的可持续发展方式。张晓颖（2014）指出，包容性绿色增长是协调发展中国家在经济增长、减贫与环境破坏之间矛盾的一种发展方式。总的来说，包容性绿色增长的逻辑起点为过程全民平等参与，理论特征为内容协调可持续，应有之义为成果全民共享，核心要义为促进增收减贫，价值取向为促进社会平等，本质要求为改善生态环境质量（周小亮和吴武林，2018）。

绿色发展是新发展理念的重要组成部分。绿色发展包含绿色和发展两个维度含义，并且绿色和发展具有同等重要地位（胡鞍钢和周绍杰，2014）。中国传统文化中就有对人与自然关系的认识，例如，天人合一、道法自然的哲学思想。党的十八大以来以习近平同志为核心的党中央在推动生态文明建设和生态环境保护的过程中形成了系统、科学的绿色发展理论体系。新时代绿色发展是一种和谐型发展，体现人与自然和谐共生。同时，绿色发展也是一种系统性发展，不仅强调绿色发展，还注重循环发展、低碳发展，是一种系统性的整体发展。习近平总书记在党的十九大报告中指出，"必须树立和践行绿水青山就是金山银山的理念，坚持节约资源和保护环境的基本国策，像对待生命一样对待生态环境，统筹山水林田湖草系统治理，实行最严格的生态环境保护制度，形成绿色发展方式和生活方式，坚定走生产发展、生活富裕、生态良好的文明发展道路，建设美丽中国，为人民创造良好生产生活环境，为全球生态安全作出贡献。"

2.1.2 环境规制理论

环境是人类生存与经济发展的前提与基础，环境质量具有很强的外部性，欲实现环境质量产出最优化，单靠市场机制调节是远远不够的，还需依靠环境规制的力量。有关环境规制的研究可追溯到古典经济学时期，庇古税理论和科斯定理均为解决环境外部性提供了思路与方向。但不同的是，庇古主张依靠政府干预解决外部性问题，而科斯则主张依靠市场交易。学界对环境规制进行了大量研究，环境规制涉及范围广泛，涵盖了外部性理论、公共物品理论，以及"波特假说""污染避难所假说""污染光环假说"等诸多理论。

外部性是指在没有市场交换的情况下，一个生产单位的生产行为影响了其他单位的生产过程。从资源配置视角来看，外部性是一个行动的某些效益或者费用不在决策者考虑范围内时所产生的一种低效率现象。环境污染的负外部性无法单纯依靠市场机制解决，也就出现了市场失灵的现象。这种情况下，政府部门会进行有效干预，主要通过税收的方式消除排污者生产的边际私人成本和边际社会成本之间的差异，以发挥市场机制对资源配置的有效影响。这种解决问题的思想最早由英国经济学家庇古提出，被后来学者称为"庇古税"。

与环境外部性问题相对应的就是环境公共物品问题。萨缪尔森和诺德豪斯对公共物品给出如下定义："公共物品是这样一种物品，它们的利益不可分割地被扩散给全体社会成员，无论个人是否想要购买这种公共物品"（梁本凡，2010）。由于环境公共物品具有非排他性和非竞争性，这导致出现严重的"搭便车"现象，其直接后果使得良好的环境资源日益缺乏。在缺少有效的环境监管下，环境的公共物品属性将使得每个人在追求自身利益最大化的过程中过度使用环境资源，同时也会忽视对环境资源的浪费和破坏，从而导致严重的环境恶化（赵敏，2013）。环境的公共物品属性也是环境规制的直接理论基础。

"波特假说"认为合理的环境规制强度能够有效促进企业技术创新，并提高企业的生产力。由此使得企业在市场上的获利能力得到提升，进而能够抵销由环境规制导致的成本。同时，企业的技术升级也提高了产品质量，这使国内企业在国际市场的竞争优势得到明显提升。在此基础上，杰斐和帕尔默（Jaffe and Plamer，1997）又将"波特假说"细分为"强波特假说""弱波特假说"和"狭义波特假说"。其中，"强波特假说"强调环境规制不仅能够提升企业竞争力，还可以促进企业技术创新。"弱波特假说"认为只有适当强度的环境规制才能够促进企业技术创新。"狭义波特假说"指出，相比于传统的环境规制而言，灵活的环境规制才能刺激企业技术创新。"污染避难所假说"也称"污染天堂假说"，该假说认为不同国家或者不同地区的环境规制强度存在差异，这就使得污染密集型产业会向环境规制强度较为宽松的国家或者地区转移，从而产生污染避难所效应。与之对立，学者们又提出了"污染光环假说"，该假说认为发达国家的企业在面临本国严格的环境规制时，会选择通过外商直接投资的形式进入东道国。这些进入东道国的企业拥有较为先进的技术，其采用的污染处理技术和环境管理体系会向东道国扩散，从而也有利于提升东道国的污染治理水平（Antweiler，Copeland and Taylor，2001）。

2.1.3 技术进步偏向理论

奥地利经济学家熊彼特在《经济发展理论》一书中，首次提出"创新"的概念。熊彼特的技术创新理论尝试从制度变革和技术创新两个角度来解释资本主义经济增长，突破了传统经济学只考察劳动、土地和资本等要素投入对经济增长的影响。熊彼特的技术创新理论强调创新的主体是企业，企业通过对生产要素的重新组合，能够推动经济不断发展。熊彼特还认为技术创新是经济增长的根本动力，经济发展的本质是生产组织形式创新和技术创新引发的创造性变动。受当时条件限制，在熊彼特提出技术创新理论时，并没有引起学者们足够关注。直到 20 世纪 50 年代后，随着经济发展的深刻变革，很多国家都经历了长达几十年的经济增长，但当时的经济理论无法从资本、劳动和土地等生产要素方面来进行解释。为此，学者们开始意识到技术创新对经济发展的重要影响，进而在熊彼特的技术创新理论基础上开始探讨技术创新与经济增长的内在关系。熊彼特指出，厂商通过不断增加研发支出获得垄断利润，从而使得知识存量增加推动技术创新。熊彼特强调，经济增长主要是通过水平创新和垂直创新两种模式实现的。水平创新是指通过研发投入使得产品的种类不断增加，从而促进了技术创新，但在这个过程中新旧两类产品在市场可以同时存在。垂直创新的过程是指，通过研发投入使得产品质量不断提升，高质量的产品将低质量的产品逐步挤出市场，从而推动技术创新。垂直创新的过程也是一个创造性破坏的过程。

后来熊彼特的技术创新理论被新古典经济学家引入到新古典经济学的理论框架，发展出新古典经济增长模型和内生经济增长理论。索洛在 1956 年提出了新古典经济增长模型，假设技术创新是一个外生变量，在此基础上考察经济增长中资本的作用。但是新古典经济增长模型没有充分解释技术创新在经济增长中的作用，也无法刻画技术创新的动态变化。1986 年，罗默提出了内生经济增长模型。该模型把技术创新内生化，将其视为知识积累的结果，并强调了技术创新才是经济增长的源泉。罗默将知识进一步划分为专业知识和一般知识，专业知识可以为企业带来垄断利润，从而也提升了这些企业增加研发投入的动力。而一般知识可以使企业获得规模收益。

根据技术创新的初始效应是使资本的边际产量与劳动的边际产量之比增大、保持不变或减小，希克斯将技术创新划分为劳动节约型技术创新、中性技术创新和资本节约型技术创新。但哈罗德对希克斯技术中性的定义持保留意见，他认为在静态分析下技术中性的定义是完全适用的。但是在动态分析下就不再适用。为此，哈罗德将中性技术创新定义为"资本增长率与它所产生的收入增长率相等的技术创新"。随后，关于技术进步偏向的研究，费景汉和拉尼斯又提出了与哈罗德截然相反的定义，采用"U-偏向"来表示。21 世纪初，阿西莫格鲁又对技术进步偏向问题给出了新的定义。他指出，如果技术进步可以使劳动的边际产出的增加幅度大于其他生产要素的边际产出的增加幅度，那么技术进步就是劳动偏向型的。如果技术进步能够使资本边际产出的增加幅度大于其他生产要素边际产出的增加幅度，那么技术进步就是资本偏向型的。

2.2 文 献 综 述

2.2.1 环境规制的相关文献

当前，全球变暖、生态破坏等问题已经成为全球共同关注的焦点。对此，各国政府也采取了相应的环境保护措施。中国的生态文明建设与环境保护不断强化，党的十八大明确提出了生态文明建设的发展战略以及建设"美丽中国"的宏伟目标。党的十九大又进一步明确着力解决突出环境问题的任务。因此，有关环境规制的研究也成为学术界关注的重要议题。本章回顾并总结了近年来学术界关于环境规制的相关研究成果。

2.2.1.1 环境规制类型划分与测算

（1）环境规制类型划分。

依照执行强制性与否为判断依据，可以将环境规制分为正式和非正式两种类型（Xie, Yuan and Huang, 2017）。张嫚（2005）指出，正式的环境规制因经济主体的排污行为不同，分为命令控制型环境规制和以市场为基础的激励型环境规制，非正式的环境规制工具不具有强制的执行要求，因而属于道义劝告性质的环境规制。邱金龙等（2018）研究发现，市场激励型环境规制与企业绿色并购存在非线性关系，命令控制型环境规制对绿色并购的影响不显著，而非正式环境规制可以显著促进企业绿色并购。穆献中等（2022）利用中国 2003~2018 年省级面板数据，实证检验了正式与非正式环境规制对全要素能源效率的影响效应，结果发现两种类型环境规制均能够显著促进全要素能源效率的提高。

按照环境规制对经济主体约束方式的不同，可以将环境规制分为命令控制型环境规制、经济激励型环境规制和自愿意识型环境规制（彭星和李斌，2016；Chen and Wang，2017）。环境规制作为影响生态环境与经济效率的有效工具，对碳排放效率也产生重要影响。马海良和董书丽（2020）指出，命令控制型、市场激励型与自愿意识型环境规制与碳排放效率之间表现出明显的 U 形特征。随后，张丹等（2021）研究发现，命令控制型环境规制并未对经济波动产生显著影响，而经济激励型环境规制与自愿意识型环境规制对经济波动的影响表现出非线性特征。也有学者把环境规制划分为命令控制型环境规制、市场激励型环境规制与公众参与型环境规制（李婉红等，2013；王班班和齐绍洲，2016）。张国兴等（2021）研究发现，命令控制型、市场激励型与公众参与型三种类型环境规制对工业企业技术创新的作用效果表现出明显的异质性。

除了上述研究外，学者们对环境规制也进行了其他方式的划分。从政府行为视角，可以将环境规制分为命令 - 控制型环境规制、经济激励和商业 - 政府合作型环境规制（彭海珍和任荣明，2003）。从环境规制适用范围的视角，可以将环境规制分为出口国环境规制、进口国环境规制和多边环境规制（张弛和任剑婷，2005）。赵玉民等（2009）将环境规制分为显性环境规制和隐性环境规制。孙海波等（Sun，Liu and Chen，2020）将环境规制划分为投资型环境规制与费用型环境规制。

（2）环境规制强度测算。

单一指标法主要以污染治理投资、减排成本、政府环保支出等方式衡量。巴贝拉和麦康奈尔（Barbera and McConnell，1990）采用污染治理投资衡量环境规制强度，考察美国的环境规制对产业经济绩效的影响。贝拉斯和斯库尔托斯（Bellas and Skourtos，1996）以大气污染治理减排成本衡量命令控制型环境规制。李小平等（2012）使用工业行业废水和废气治理运行费用与工业增加值之比反映环境规制强度。范丹和孙晓婷（2020）选用排污费收入的对数刻画市场激励型环境规制。

考虑到单一指标法无法全面衡量环境规制强度，横向比较时表现出片面性（程都和李钢，2017）。从而，复合指标法逐渐被学者们采用衡量环境规制。复合指标法主要是通过综合几种环境规制的度量方法对环境规制程度进行综合测度。上官绪明等（2020）综合二氧化硫去除率、工业烟（粉）尘去除率、废水排放达标率及固体废物综合利用率，构建了环境规制综合指数。达姆和斯科尔滕斯（Dam and Scholtens，2012）采用因子分析法，将环境政策、环境管理、环境改善情况和环境绩效进行综合，以此刻画环境规制强度。李新安（2021）通过使用废水、二氧化硫和烟尘排放量测算了环境规制强度。王珍愚等（2021）选取废气治理设施运行费用与工业产值的比值、废水治理设施运行费用与工业产值的比值以及固体废弃物综合利用率三项指标来计算环境规制强度。

替代指标法是采用与环境规制存在高度正相关关系，并且又独立于实际的污染排放的变量来衡量环境规制程度。莱文森（Levinson，1996）采用环保工作人数和企业平均拥有的环境机构数作为环境规制的代理变量。科尔和弗雷德里克松（Cole and Fredriksson，2009）通过环境保护相关的行政处罚案件数来刻画环境规制强度。陈德敏和张瑞（2012）也采用了相类似的方式衡量环境规制。也有学者采用收入水平来作为环境规制的代理变量（Dasgupta et al.，1995；陆旸，2009）。张建鹏和陈诗一（2021）使用重工业占 GDP 比重与省级政府工作报告中与"环境保护"相关词汇出现的频率交乘，以此衡量环境规制强度。

2.2.1.2 环境规制的实证研究

（1）环境规制对技术创新的影响。

关于环境规制对技术创新影响的研究也成为学界关注的热点，主要归结为以下三类研究结论。

第一，环境规制对技术创新具有"创新补偿效应"，即环境规制能够促进技术创新。波特（Porter，1991）指出，适当的环境规制会促进技术创新，降低企业成本，提高产品质量，从而提高企业竞争力。已有研究也证实了波特假说的存在，认为环境规制与技术创新呈正相关关系（Cai et al.，2020；王锋正和郭晓川，2015；Meng，2021）。在严格的环境规制压力下，企业将通过加大研发投入力度来提升技术创新水平，以达到政府部门的节能减排要求（Lee，Veloso and Hounshell，2011；Barbieri，2015；Hamamoto，2006）。也有学者对印度和经济合作与发展组织（OECD）国家的经济数据进行研究，也发现环境规制与技术创新存在明显的正相关关系（Chakraborty and Chatterjee，2017；Hille and Möbius，2019）。张国兴等（2021）从环境规制异质性视角，探讨了命令控制型、市场激励型与公众参与型环境规制对工业企业技术创新的影响，结果表明三种类型环境规制对技术创新均存在正向影响。

第二，环境规制对技术创新具有"遵循成本效应"，即环境规制对技术创新起到抑制作用。持这种观点的学者认为环境规制的实施给企业的生产活动带来了更高成本，环境规制迫使企业购买减排设备，同时企业还要支付这些新设备的人工费用，增加了生产成本，导致企业研发投入减少，创新能力下降（Levinsohn and Petrin，2003；Gray and Shadbegian，2003；Chintrakarn，2008）。排污治理投资的增加不仅抑制了公司的生产能力，还对技术创新的研发投入产生了"挤出效应"，降低了企业的核心竞争力（Kemp and Pontoglio，2011）。

第三，环境规制与技术创新之间呈现出非线性关系。在"遵循成本效应"和"创新补偿效应"共同影响下，环境规制对技术创新的影响表现出了非线性特征。宽松的环境规制对企业技术创新产生负向影响，而严格的环境规制则能够激励企业技术创新，从而使得二者呈现出 U 形关系（沈能，2012；Liu et al.，2022；张娟等，2019；王珍愚，2021；Yuan and Zhang，2020）。彭文斌等（2017）通过构建面板门槛回归模型检验了环境规制对创新效率的影响，结果表明正式环境规制对创新效率的影响表现为 U 形关系，但非正式环境规制与创新效率之间呈倒 U 形关系。张倩（2016）基于中国省级面板数据，使用两步系统 GMM 法，检验了环境规制对技术创新的影响，结果表明环境规制与技术创新之间存在倒 N 形关系。

（2）环境规制对外商直接投资的影响。

学界对于环境规制与外资进入关注最广泛的研究主题是对"污染避难所"假说的检验。"污染避难所"假说最早是由华特和尤格洛（Walter and Ugelow，1994）提出的，认为随着发达国家环保意识与环境监管力度的增强，一些污染密集型企业为了降低环境成本，开始向发展中国家进行投资，将污染产业逐渐转移到环境监管较为宽松的发展中国家，进而使得这些承接污染产业的发展中国家沦为"污染避难所"。发展中国家环境规制的强度在很大程度上决定污染型生产活动能否从发达国家转移到发展中国家（Xing and Kolstad，2002；Chung，2014）。贾沃奇克和魏（Javorcik and Wei，2004）、永瓦尔和林德 - 拉尔（Ljungwall and Linde-Rahr，2005）、沙赫巴兹等（Shahbaz et al.，2015）的研究验证了"污染避难所"假说的存在性。但也有研究发现环境规制对外资进入没有影响（Wheeler，2001）。吕朝凤和余啸（2020）指出，二氧化硫排污费征收标准提升能够显著抑制外商直接投资的流入，从区域异质性视角检验发现，该政策对抑制北方城市外商直接投资流入的效果要强于南方城市，从非线性视角检验表明，二氧化硫排污费征收标准调整与外商直接投资的流入表现出 U 形关系。曹翔和王郁妍（2021）发现，增加排污费可以导致外资撤离，但这一效应在长期中并不存在。刘叶等（2022）也得出类似结论，短期内严格的环境规制可以有效抑制外商直接投资流入，但从长期来看，严格的环境规制对外商直接投资进入没有显著的影响。

（3）环境规制对污染排放的影响。

关于环境规制与污染排放之间关系的讨论主要集中在两个方面：一是认为环境规制的"遵循成本"效应占主导地位；二是认为环境规制的"倒逼减排"效应占主导地位。"遵循成本"效应强调，环境规制增加了企业的环境服从成本，这在一定程度上制约了企业技术研发和工艺创新，并且企业可能在利润最大化目标驱使下增加产出和污染排放（Blackman and Kildegaard，2010；Fünfgelt and Schulze，2016）。"倒逼减排"效应认为，严格的环境规制能够倒逼高能耗、高污染企业进行技术改造与升级，从而达到降低污染物排放的目的（Cole，Elliott and Shimamoto，2005；Marconi，2012）。

近年来，大气污染协同治理已经成为中国政府部门在大气污染治理过程中的一个重要政策导向（魏娜和孟庆国，2018）。中央和地方政府陆续出台一系列大气污染防治措施，来推动大气污染的跨域协同治理，进而改善大气质量。学术界对大气污染协同治理也展开了相关研究。第一，大气污染协同治理的效果评估。施莱歇尔等（Schleicher et al.，2012）考察了2008年北京奥运会期间联合治理措施对PM2.5的影响，发现联合措施显著地降低了PM2.5浓度。赵志华和吴建南（2020）研究表明，大气污染协同治理有效降低了工业二氧化硫排放量。魏娜和孟庆国（2018）认为京津冀地区的大气污染协同治理机制是有效的。王洪波等（Wang et al.，2016）也得出类似研究结论，发现大气协同治理显著降低北京及周边地区除臭氧之外的污染物排放。但也有研究指出，大气协同治理效果往往呈现不稳定特征（Xu and Wu，2020；孙静等，2019）。第二，大气污染协同治理的影响因素研究。大气污染协同治理涉及多地方政府合作与否的策略选择问题，其中，政府间的异质性导致了政府之间难以自发形成稳定的合作模式

（Zhang and Li，2018）。参与大气污染协同治理的成员"搭便车"行为制约了我国大气污染协同治理政策有效实施（杨骞和秦文晋，2018）。同时，大气流动规律（王金南等，2012），政府的行政权力下放和财政分权，地区间资源禀赋、经济结构和生态承载力（汪克亮等，2017），联合治理活动本身社会属性（胡志高等，2019），都将影响协同治理框架的构建，从而进一步影响大气污染协同治理的有效实施。此外，还有学者探讨了大气污染协同治理的驱动因素，环境意识水平的提高会促进大气污染协同治理的地区间合作达成，联合研究对于防止"搭便车"问题和促进多边合作至关重要（Min，2001；Park，2009）。

（4）碳排放权交易的相关研究。

碳交易作为一项重要的市场激励型环境规制政策（齐绍洲和段博慧，2022），在应对全球气候变化上，发挥了重要作用。目前，碳排放权交易已在全球范围内得到广泛关注和应用。欧盟排放交易体系（EU ETS），是世界上第一个多国参与的排放交易体系。为此，大量文献从不同的角度对于欧盟排放交易体系展开了相关研究，具体可分为以下几类：

第一类是评估 EU ETS 对温室气体减排的影响。2006 年 5 月，欧盟委员会确认 2005 年二氧化碳的实际核证排放量约为 8000 万吨，比 2005 年分配的排放限额少 4%（Ellerman and Buchner，2008）。在欧盟排放交易计划试点阶段（2005~2000 年），欧洲国家二氧化碳排放总量减少了 24700 万吨（Anderson and Maria，2011）。马丁等（Martin，Muûls and Wagner，2016）认为，只要设定严格的排放上限，控排企业遵守减排计划，欧盟排放交易体系就可以实现减排目标。因为，减排政策的重叠可能导致减排效率的损失。此外，配额的过量分配以及国家分配计划持续时间的不确定性等因素也阻碍了对碳减排的激励（肖志明，2012）。

第二类是考察 EU ETS 对企业竞争力的影响。有关这一方面的研究已有大量文献，但所得结论并不一致。一些经验研究表明 EU ETS 有利于提升企业竞争力。斯梅尔等（Smale et al.，2006）发现欧盟排放交易体系虽然导致英国钢铁和水泥行业产出下降，产品价格反而上涨，使得这些公司利润也有更大的增长，整体财务状况得到改善。奥伯恩多费尔（Oberndorfer, 2009）采用 GARCH 模型检验了欧盟碳排放额度的价格变化对欧洲电力行业股票市场的影响，结果表明欧盟碳排放配额的价格变化与欧洲主要电力公司的股票收益呈正相关关系。维斯等（Veith, Werner and Zimmermann, 2009）、布什内尔等（Bushnell, Chong and Mansur, 2013）和勒舍尔等（Löschel, Lutz and Managi, 2019）也认为 EU ETS 提升了企业竞争力。同时，也有研究认为 EU ETS 对企业竞争力产生不利影响（Commins, Lyons and Schiffbauer, 2011）。

第三类是研究 EU ETS 与企业创新的关系。在 EU ETS 对企业创新方面的研究，多数学者的观点比较一致，认为 EU ETS 对企业创新有积极影响（Martin, Muûls and Wagner, 2013；Calel and Dechezlepretre, 2016；Teixidó, Verde and Nicolli, 2019）。但加格尔曼和弗龙德尔（Gagelmann and Frondel, 2005）指出，EU ETS 对企业创新的激励作用十分有限。拉伊（Rogge, 2011）以德国电力部门的 19 家发电厂、技术供应商和项目开发商作为研究对象，分析了欧盟排放交易体系对创新的影响，结果也证实了加格尔曼和弗龙德尔（Gagelmann and Frondel, 2005）的结论。勒夫格伦等（Löfgren et al., 2014）也发现，EU ETS 对企业低碳技术投资没有显著影响。

随着中国碳市场的不断完善，越来越多的学者开始关注中国碳排放权交易机制的有效性。其中，碳排放交易机制管理对象的减排潜力大小、配额总量松紧度、碳价水平和经济波动幅度是影响中国碳排放权交易机制有效性的关键因素（王文军等，2018）。一些研究利用双重差分模型验证了碳排放权交易机制的减排有效性（李广明和张维洁，2017；黄向岚等，2018；Zhou et al., 2019）。王勇和赵晗（2019）利用三阶段 DEA 模型对碳排放交易市场建立前后的中国碳排放效率进行分析，结果显示碳排放交易市场启动对碳排放效率有一定的提升作用。同时，学者也关注了中国碳排放交易机制对技术创新的影响，碳排放交易能够显著促进试点地区的清洁技术创新（Calel and Dechezlepretre，2016；Teixidó，Verde and Nicolli，2019）。并且，随着时间的推移，碳排放权交易政策对清洁技术创新的影响将逐渐增强（Liu and Sun，2021）。碳排放交易机制不仅促使更多企业愿意进行研发创新（刘晔和张训常，2017），而且还可以促进中小企业创新质量的提升（Hu，Huang and Chen，2020a；Hu，Pan and Huang，2020b）。朱俊明等（Zhu et al.，2019）从微观企业视角，探讨了中国碳排放权交易机制的低碳清洁技术创新效应。宋德勇等（2021）研究发现，碳排放权交易政策对企业清洁技术创新的作用受配额分配方法的影响。对于不同类型的企业而言，政策的清洁技术创新效应也不尽相同。

2.2.2　清洁技术的相关文献

近年来，环境污染日益严重，企业排污将面临高额的惩罚成本。为此，企业开始转向清洁技术研发。这也使得学术界开始对清洁技术创新展开了深入的研究。最初学者们更多关注的是环境规制、环境税和政府补贴等因素对清洁技术创新的影响。随着信息技术的发展以及市场机制的不断完善，学者们也开始关注媒体关注度、市场环境和数字化程度等因素如何影响清洁技术创新产生。此外，学者们还探讨了企业管理者特征对企业清洁技术创新产生的影响。随着研究的深入，学者们不仅注重清洁技术创新对生态环境的效益实现，还关注到了其对经济与社会的效益实现。为此，本章从这些方面对清洁技术创新的相关文献展开综述。就当前的研究而言，关于清洁技术创新的定义没有统一标准。李香菊等（2018）将清洁技术创新定义为，通过对绿色产品和绿色工艺的研发与应用，实现产品整个生命周期的绿色化，同时实现经济效益与环境效益。孙育红等（2018）则将其定义为，在资源环境约束强度增大条件下，能够满足人类绿色需求，减少生产和消费边际外部费用的支撑可持续发展的技术创新。总的来说，清洁技术创新旨在通过技术优化，达到减少环境污染、实现可持续发展的目的。

2.2.2.1　清洁技术创新影响因素研究

（1）政府行为。

近年来，随着政府部门对环境问题越来越重视，学者们也从不同的角度考察了政府行为对清洁技术创新的影响。本章将从环境规制、环境税及政府补贴三方面分析政策因素对于清洁技术创新的影响。

第一，学者们针对环境规制是否会对清洁技术创新产生影响这一论题展开了广泛研究，但研究结果并不统一。已有研究表明，环境规制能够显著促进清洁技术创新，并且城市创新能力、绿色金融均表现出正向调节作用（谢乔昕，2021；欧阳晓灵等，2022；Zhao et al.，2022）。陶锋等（2021）以环保目标责任制作为研究对象，实证结果表明环保目标责任制的实施明显提升了绿色专利申请数量，但对绿色创新质量却表现出抑制作用。高霞等（2022）认为，严格的环境规制只有与其他条件相匹配时，才能发挥出对清洁技术创新的促进作用。王芝炜等（2022）采用 Tobit 模型研究发现，环境规制促进企业清洁技术创新，且其对重污染和小规模企业清洁技术创新的促进作用更显著。齐绍洲等（2018）研究表明，排污权交易试点政策能够诱发企业的清洁技术创新活动。朱金生和李蝶（2020）也通过实证分析证实了环境规制能够促进清洁技术创新这一结论。随着环境规制强度的提高，与清洁技术创新相关的专利输出数量会持续下降。屈凯（2021）考察了新《中华人民共和国环境保护法》对企业清洁技术创新的影响，结果发现新《中华人民共和国环境保护法》实施的初期未能促进企业清洁技术创新，并且对年龄较小企业、中西部企业、非国有企业的清洁技术创新具有明显的抑制作用。与之不同的是，蒙大斌等（2022）考察了正式环境规制和非正式环境规制对清洁技术创新的影响，发现两种类型环境规制与清洁技术创新之间存在非线性关系，分别为 U 形与倒 U 形关系。康鹏辉和茹少峰（2020）使用双边随机前沿模型考察环境规制与清洁技术创新效率之间的关系发现，2012 年之前，环境规制对清洁技术创新效率的促进作用逐渐增强，但 2012 年以后，环境规制对清洁技术创新效率的促进作用逐渐降低。

第二，学者们考察了环境税对清洁技术创新的影响。主要得出以下几方面研究结论：一是环境税对清洁技术创新具有正向作用。邵利敏等（2018）提出，随着环境监管部门对企业在环境问题上违规处罚力度的加强，可以倒逼企业开展清洁技术创新。温湖炜等（2020）研究发现环境税费标准调整与企业清洁技术创新之间存在显著的正相关关系。何欢浪（2015）认为，与控制型和命令型环境规制相比，环境税更有利于企业开展清洁技术创新。二是环境税对清洁技术创新具有负向作用。杨飞（2017）指出，在化石能源与清洁能源互补的情况下，环境税不利于清洁技术创新。刘樑等（2022）也通过实证分析证实了环境税对我国化工企业清洁技术创新具有负向作用。三是环境税对清洁技术创新存在非线性影响。甄美荣和江晓壮（2021）的研究均指出，环境税对清洁技术创新的影响存在非线性特征，表现为倒 U 形，即随着环境税的增加，企业清洁技术创新水平不断提升，当环境税到达某一临界值后，清洁技术创新水平将会逐渐下降。田翠香（2020）实证分析也得出相似发现，即企业清洁技术创新与环境税税率之间的关系呈现出非单调变化。

第三，学者们还关注了政府补贴对于清洁技术创新的影响。彭瑜欣和李华晶（2018）发现政府的资金支持有助于企业开展清洁技术创新活动。何凌云等（2020）也得出相一致的结论，认为政府补贴能够有效促进环保企业清洁技术创新。但刘海英等（2021）发现研发补贴对清洁技术创新的左右效果受到清洁技术的普及程度影响。于克信等（2019）认为，政府创新补助与非创新补助对企业清洁技术创新的影响存在差异，创新补助能够显著促进清洁技术创新，而非创新补助对清洁技术创新的影响较小。何小钢（2014）认为，政府的研发补贴政策可以通过清洁技术创新降低企业减排成本，从而使得企业遵从环境规制，只有研发补贴和环境规制二者结合使用才能有效激励企业进行清洁技术创新。

（2）媒体关注度。

媒体报道会将企业的环境污染违规行为及程度向大众、政府、竞争企业等进行披露，会使得人们更加关注环境污染问题（Mcleod，Glynn and Griffin，1987）。媒体能够监督企业环境信息公开的方式，从而改善企业环境绩效（Foulon，Lanoie and Laplante，2002）。媒体报道对排污企业带来一定的压力，会使得企业积极回应环境问题，这也会迫使企业加大清洁技术创新研发投资（Schaltegger，Burritt and Petersen，2003）。赵莉等（2020）从技术投入和产出两个维度探讨了媒体关注对清洁技术创新的影响，发现媒体关注能够促进企业增加技术创新投入，但必须与市场化水平共同作用，才能促进清洁技术创新。张玉明等（2021）指出，媒体的负面报道能够显著提升重污染企业的清洁技术创新绩效，但过于激烈的市场竞争、过于严格的环境规制和过于松散的微观内部控制都会削弱媒体关注对清洁技术创新绩效的正向影响。张玉明等（2021）研究表明，媒体关注度对企业清洁技术创新的影响存在非线性特征，二者表现为倒 U 形关系。

（3）市场环境。

市场环境是影响企业清洁技术创新的重要因素之一，如果企业所在城市为污染治理成本较高的地区，企业的清洁技术创新研发投入会明显增加（Amore and Bennedsen，2016）。汪明月等（2019）认为市场的供求机制、竞争机制、价格机制均有助于企业开展清洁技术创新。钟优慧等（2021）发现随着企业在市场中的盈利动机增强，国有企业在清洁技术创新方向的意愿并没有得到明显增加。张春香（2019）从企业技术创新需求与风险投资供给双边匹配角度，发现风险投资金额与清洁技术创新之间存在非线性关系。朱俏俏和孙久文（2020）认为，在激烈的国际市场竞争推动下，中国企业必然会加大绿色竞争优势的培育力度，从而提升企业的清洁技术创新水平。赵爱武等（2018）研究发现，企业的环境创新绩效会受到消费者对产品属性的异质偏好影响，消费者对产品环境属性越来越重视，进而也有助于推动企业持续的环境创新行为。孙兰（2022）认为同行业企业间的竞争对企业的清洁技术转型决策起到重要作用，表现在两个方面：一是替代性，即当较多企业采用清洁技术时，由于利润问题将导致企业降低采用清洁技术的意愿；二是互补性，即当较多企业采用清洁技术时，可能会使政府强制性标准增加，为避免后续被迫进行清洁技术升级所带来的更高成本，企业会增加采用清洁技术的意愿。企业生存于市场之中，需遵循市场规律，依据市场情况的转变做出适当调整。借助市场因素进行清洁技术创新，有助于实现企业效益最大化及可持续发展。

（4）数字化程度。

数字化对企业的经济活动产生了变革性的影响（Autio et al.，2018），大数据的应用不仅能够影响企业的竞争优势，同时也能够促使企业开展清洁技术创新活动。（El-Kassar and Singh，2019）。也有研究表明，数字化程度对于提升企业的信息共享水平具有重要意义，这不仅有助于企业内外部资源的互相交流，同时也有利于诱发企业清洁技术创新活动（Goldfarb and Tucker，2019）。穆巴拉克等（Mubarak et al.，2021）发现，工业 4.0 技术可以通过知识积累和信息传递来激发创新实践，从而促使企业进行更多的清洁技术创新活动。但也有学者提出，数字化程度与清洁技术创新水平之间并非简单的线性关系。周青等（2020）通过实证研究，发现区域数字化水平对创新绩效的影响呈现倒 U 形演变趋势。随后，王锋正等（2022）、成琼文等（2022）分别以沪深 A 股资源型上市公司数据和中国制造业上市公司数据为研究对象，实证结果也支持这一结论。

（5）企业管理者特征。

沈菲等（2022）使用中国 A 股上市公司数据，研究了管理者海外背景对企业清洁技术创新的影响，结果表明管理者拥有海外背景有助于企业进行清洁技术创新活动。程（Cheng，2020）指出，企业管理者的风险厌恶与企业清洁技术创新之间存在负相关关系。张少喆等（2022）的研究发现，企业管理者的学术经历在一定程度上也能够促进企业清洁技术创新。席龙胜等（2022）认为，企业管理者环保认知均对清洁技术创新具有积极作用，并且在政府监管压力及媒体关注压力的双重作用下，这种积极作用更加显著。

2.2.2.2 清洁技术创新的环境绩效与经济效益研究

（1）清洁技术创新的经济效益。

企业通过清洁技术创新可以获得明显的竞争优势（Marin，2014），进而有助于提升自身经济绩效。企业增加清洁技术研发投入不仅能够提升自身价值，同时也可以有效降低生产过程中的经营成本，提高自身的市场份额，进而使得企业有可能获得清洁技术创新专利转让的收益（曲峰庚和董宇鸿，2013）。姚树俊等（2022）采用问卷调查的方式研究认为，清洁技术创新有利于降低企业成本。许林等（2021）通过对2211家上市公司数据进行分析，发现清洁技术创新能够有效缓解企业融资难问题。陈喆和郑江淮（2022）认为清洁技术创新可以通过发挥节能减排作用、引领市场需求以及推动产业结构清洁化，从而促进地区经济高质量发展。但也有学者研究表明，清洁技术创新所发挥出的经济效应并非单调的。

（2）清洁技术创新的生态环境效益。

清洁技术创新最直接的目的就是减少环境污染，实现环境可持续发展。学者们从不同方面对清洁技术创新的生态环境效益进行研究。已有研究表明，清洁技术创新对污染物排放具有明显的抑制作用（Kalt and Kranzl，2011；禄雪焕和白婷婷，2020）。汪明月等（2021）指出，清洁技术创新显著提升环境绩效。廖果平等（2022）通过构建面板数据模型，检验了清洁技术创新对环境质量的影响，发现清洁技术创新与环境质量之间存在正相关关系。古惠冬等（2022）通过对城市面板数据分析发现，清洁技术创新能够抑制城市碳排放，且清洁技术创新可以通过优化产业结构和节能减排两种渠道对碳排放产生影响。由于地区之间存在一定差异，这也使得清洁技术创新对不同地区环境质量的影响也存在一定差异（张兵兵等，2014）。

2.2.2.3 清洁技术偏向的相关文献

阿西莫格鲁等（Acemoglu et al.，2012）通过有偏技术进步的理论模型，证明了在适当条件下，可以诱发清洁型的技术进步。经验研究层面，鄢哲明等（2016）研究指出，为实现中国产业结构低碳化目标，有必要通过政策机制鼓励清洁技术发展，促使技术进步呈现清洁偏向。杨翔等（2019）认为，由于技术进步是有偏的，所以那些能够促进节能减排的技术创新才是解决经济增长和节能减排问题的关键所在。张宇和钱水土（2022）指出，清洁技术进步偏向存在明显的路径依赖特征。王俊（2016）研究表明，传统部门和清洁部门产品之间的替代弹性和中间产品的产出贡献率对清洁技术偏向具有重要的作用。刘自敏等（2022）基于中国地级及以上城市数据，考察了碳排放权交易试点政策与清洁技术进步偏向之间的关系，结果表明碳排放权交易试点政策有利于城市产出有偏技术进步和清洁技术进步偏向，这在一定程度上能够实现预期的减排目的。丁黎黎等（2020）通过投机一种新的 Malmquist-Luenberger 多维分解指数模型，考察了我国省际清洁技术进步偏向异质性问题，结果表明中性清洁技术进步、投入偏向性清洁技术进步和产出偏向性清洁技术进步对区域技术水平的影响存在明显差异。王林辉等（2020）认为，清洁技术进步偏向是环境政策和技术研发效率累积共同作用的结果。

环境污染的负外部性造成了环境资源配置的低效率与不公平，从而促使政府设计一种环境规制政策以校正该负外部性（李婉红等，2013）。当前关于环境规制与清洁技术偏向之间的关系研究可以归纳为以下三种观点：一是强调合理的环境管制能够转变技术进步的方向，引导企业开发清洁技术（景维民和张璐，2014；彭星和李斌，2016）；二是认为环境规制使得企业环境治理成本上升、利润空间变小，企业生产性投资和技术创新投入下降，最终削弱清洁技术创新能力（Gray and Shadbegian，2003）；三是主张环境规制与清洁技术偏向之间并非简单的线性关系，随着环境规制强度

由弱变强，影响效应由"抵消效应"转变为"补偿效应"（李玲和陶锋，
2012）。

2.2.3　工业绿色转型的相关文献

随着经济全球化进程的不断推进以及全球人口的不断增加，社会发展
中的环境损失和资源短缺问题日益加重。以大气污染为代表的环境问题已
经严重影响经济社会的可持续发展与人民的美好生活。工业一直是中国经
济增长的重要力量，是物质财富的主要来源。但是，工业化也明显加剧了
大气污染。为了破解这一发展难题，"生态文明建设"已上升至国家战略
的高度。工业必须要绿色发展。因此，工业绿色转型是实现节能减排和经
济发展方式转变的必然要求（Chen and Golley，2014）。近年来学术界有关
工业绿色转型的研究成为相关学科领域的研究热点。因此，本部分总结了
近几年有关工业绿色转型的研究进展。

2.2.3.1　工业绿色转型影响因素研究

（1）环境规制因素。

环境规制体系是中国环境管理正式制度中最为重要的政策体系（彭星
和李斌，2016），但环境规制增强能推动工业绿色转型吗？关于环境规制与
工业绿色转型之间的因果关系，现有研究文献并未得出一致的结论。在资
源环境约束的条件下，环境规制对环境全要素生产率的影响是推动中国工
业绿色转型升级的关键（Zhang et al.，2018；Song et al.，2022）。部分学
者认为环境规制的创新补偿效应可以有效促进企业绿色转型（Zhao et al.，
2015；Cheng，Li and Liu，2017；齐绍洲等，2018）。科尔等（Cole，Elliott
and Shimamoto，2005）、马可尼（Marconi，2012）研究均表明，环境规制
能够有效减少工业废气及废水排放量，对企业污染排放的控制具有积极作
用。陈诗一（2010a）通过对比不同时期工业环境全要素生产率的变化，发

现"九五"期间政府通过执行环境政策，能够有效推动工业绿色生产率的改善。

但是，吴伟平和何乔（2017）研究认为，环境规制对工业绿色转型的影响存在非线性特征。已有研究表明环境规制与工业绿色转型呈倒 U 形或倒 N 形关系，即环境规制对工业绿色转型的影响存在单门槛效应或双重门槛效应（Wu, Hao and Ren, 2020；孙海波和刘忠璐，2021；袁嘉琪和卜伟，2022）。李斌等（2013）指出仅当环境规制处于合理的范围内才能真正促进中国工业发展方式转变。谢荣辉等（Xie, Yuan and Huang, 2017）也得出类似结论，认为在显著的区域异质性条件下，环境规制会对工业绿色全要素生产率产生非线性影响。对于高强度环境规制地区污染物排放得到有效制约，而低强度环境规制地区政策效果逐渐失效（沈坤荣等，2017；林伯强和邹楚沅，2014；Wu et al.，2017）。

也有学者否定了环境规制对工业绿色转型的正向影响，认为环境规制并没有提升工业绿色全要素生产率（Cai et al.，2016）。还有学者认为目前中国仍处于 U 形曲线的左半部分，当前环境规制政策强度不利于工业绿色转型（Hancevic，2016；朱东波和任力，2017）。布莱克曼和基尔德加德（Blackman and Kildegaard，2010）研究认为环境规制加剧了污染排放。此外，学者们也发现环境规制作为调节变量，能够通过作用于技术创新，进而正向影响工业绿色转型（孙海波和刘忠璐，2021）。相关学者也从环境规制异质性角度进行研究，发现不同类型的环境规制对工业绿色转型的作用效果具有较大差异（彭星和李斌，2016；原毅军和谢荣辉，2016）。市场型环境规制通过挤出技术创新抑制了工业绿色转型，而公众性环境规制则通过激励技术进步促进了工业绿色转型（史敦友，2021）。

当然，不同类型环境规制对工业绿色转型的影响存在明显的异质性，命令型环境规制与市场型环境规制对于不同污染程度企业工业绿色转型的效应具有差异性（彭星和李斌，2016；Shen et al.，2019）。在影响机制研究方面，环境规制会通过技术效应和结构效应两种渠道来促进工业环境效率的优化，而且对生产技术和清洁技术的影响存在"此消彼长"的替代效应（申晨等，2018）。此外，环境规制政策与财政政策对工业绿色转型的协同效应也受到学者们的关注。其中，彭星（2016）研究指出环境行政分权、环境监察分权与工业绿色转型之间存在明显的 U 形关系，相反，环境监测分权与工业绿色转型呈现明显的倒 U 形变化趋势。进一步地，当工业环境效率分位值较低时，环境税费和政府环境治理投资对工业绿色转型的影响都具有显著的正向效应（魏建和黄晓光，2021）。

（2）经济与社会因素。

高铁开通、收入差距及地区发展不平衡都会在不同程度上影响工业绿色转型的进程。例如，张金月和张永庆（2020）研究发现高铁开通对地区工业绿色转型的促进作用明显；周五七（2019）认为工业绿色生产率开始会随着人均收入水平的增加而降低，而当人均收入水平跨过收入门槛时，工业绿色生产率会随着人均收入水平的增加而上升。此外，张纯洪和刘海英（2014）研究指出地区发展不平衡对工业绿色转型的影响显著。经济整体发展水平的提升对于工业绿色转型的促进作用是毋庸置疑的（张樨樨等，2021）。而新能源技术能够显著提升中国工业全要素生产率（吴静，2017；Shi and Li，2019）。并且，创新效应成为能源强度驱动工业全要素生产率提升的异质性门槛，只有在创新效应较高时，能源强度才能正向倒逼中国工业绿色转型（Wang et al.，2020a）。

在集聚经济方面。一是作为空间资源优化的重要形式，产业集聚能给工业绿色转型带来正的外部效应（谢宜章和赵玉奇，2018）。进一步地，高技术产业集聚只有通过拐点后，才能不断凸显出对工业绿色转型的助推作用（邓峰和任转转，2021）。二是金融集聚，其对工业绿色全要素生产率的影响表现为倒 U 形（李瑞雪等，2022）。在溢出效应方面，金融集聚促进了本地绿色全要素生产率的增长，但显著抑制了周边地区的工业绿色转型（Xie et al.，2021）。三是工业集聚，其对本地和毗邻地区工业绿色全要素生产率都会产生一定的负向作用（张樨樨等，2021）。数字经济的绿色价值日益凸显，也有学者尝试从数字经济视角探讨工业绿色转型的影响因素，随着数字经济的发展，中国工业绿色全要素生产率也得到全面提升（Liu et al.，2022）。此外，数字经济对工业绿色全要素生产率的影响还表现出了明显的自身门槛效应，即当数字经济发展跨越门槛时才能有效推动工业绿色转型（Meng and Zhao，2022）。

（3）技术创新因素。

工业部门能源消耗与排放强度降低主要受两方面因素影响：一是产业结构调整（Minihan and Wu，2012；王文举和向其凤，2014；孙瑾等，2014），二是技术进步（Buonanno，Carraro and Galeotti，2003；何小钢和张耀辉，2012）。已有研究发现，产业结构调整对节能减排的贡献有所下降，技术创新才是实现绿色增长的主要依靠（Popp，Newell and Jaffe，2010）。技术创新与技术规模效率成为工业全要素生产率提升的重要驱动力（Yang，Jia and Yang，2021）。其中，清洁技术创新作用不容忽视（原毅军和谢荣辉，2015；Song et al.，2022）。与策略性创新相比，实质性创新对绿色全要素生产率的促进作用更大（袁宝龙和李琛，2018）。而自主创新与政府支持是资源密集型工业行业实现绿色转型的关键方式（岳鸿飞等，2017）。此外，环境规制也是通过激发技术创新来促进工业绿色发展的（周鹏飞和沈洋，2022）。进一步地，从国外引进技术服务于本国工业绿色转型也是非常有效的方式，同时，大中型的科技企业还可以吸收生产和产出的绩效管理方面的经验（万伦来和朱琴，2013）。

在高能耗和高排放的污染技术与低能耗和低排放的清洁技术之间，技术进步存在一定程度的偏向性。在新古典增长理论框架下，技术进步能够推动生产率不断改善，实现经济可持续增长（Antonelli and Feder，2021）。在经济发展的初期阶段，由于注重物质产出增加，进而使得环境污染加剧，经济发展方式绿色转型是减少污染的最佳解决方案（Habeşoğlu et al.，2022）。但是，由于技术创新的机会成本、先发劣势和逆向溢出等因素影响，技术创新对经济增长方式转变的作用是不确定的（唐未兵等，2014）。

因此，不同的技术创新方式以及不同的技术创新类型（张江雪等，2015），都会对工业绿色转型的影响产生较大的差异。此外，随着环境技术进步方向理论的兴起，部分学者基于阿西莫格鲁等（Acemoglu et al.，2012）的环境技术进步方向模型，对清洁技术创新偏向的作用效果展开研究。董直庆等（2014）在发展环境技术进步方向模型的基础上，数值模拟不同技术进步方向下城市用地规模和中国环境质量的变化趋势，发现清洁技术强度的增大可以有效提升环境质量，并有利于抵消非清洁技术对环境带来的负向影响，肯定了清洁技术进步能够实现环境与经济的相容发展。乌斯曼等（Usman et al.，2022）的研究也得到类似结论。一些学者也从不同角度阐释了清洁技术进步与工业绿色转型之间的关系，研究认为清洁技术进步是推动工业绿色转型的重要动力（Requate and Unold，2003）。张璐和景维民（2015）采用 LMDI 分解和回归分析方法，证明了技术清洁度的提升是推动工业绿色转型的核心要素。鄢哲明等（2017）基于汽车、燃料、照明和能源生产四个领域的现实数据发现，技术创新中清洁技术创新的指标提升更快，并且这种偏向清洁技术的创新能够显著抑制碳强度。何小钢（2015）认为，清洁技术显著提高行业全要素生产率增长率，同时也降低了行业污染排放。

基于空间计量的研究表明，技术创新能够促进工业绿色发展（Wang, Cui and Zhao，2020b），并且技术创新促进了本地工业绿色转型的同时，也推动了邻地工业绿色转型（彭薇等，2020）。但杨小辉等（Yang et al.，2021）的研究指出，技术创新溢出效应会呈现出非线性特征。随着环境技术进步方向理论的发展，学者们意识到传统技术创新并不利于工业可持续发展，清洁技术创新才是工业绿色转型的核心驱动力（张璐和景维民，2015）。宋马林等（Song et al.，2022）基于中国 A 股资源型企业样本数据的研究发现，清洁技术创新显著提高了资源型企业的全要素生产率。由于技术创新本身具有非竞争性和非排他性的特征，因此地理位置越近或经济结构越相似的地区，共享前沿信息和优质资源的可能性越大（邹洋等，2019）。

（4）国际化因素方面。

近年来，关于工业绿色转型的问题已展开广泛研究，并取得丰硕成果。其中，基于国际化视角的研究主要集中在两个层面：一是探讨贸易开放与工业绿色转型之间的关系；二是探讨外商直接投资与工业绿色转型之间的关系。在贸易开放方面，希夫和王（Schiff and Wang，2004）研究认为由于不同国家或地区对进口贸易的技术溢出消化和吸收存在差异，进而导致进口贸易对绿色全要素生产率的影响存在门限效应。彭星和李斌（2015）使用动态面板数据模型检验了贸易开放对工业绿色转型的影响，研究表明，出口贸易的低水平扩张不利于工业绿色转型，而进口贸易的发展能够促进工业绿色转型。张璐和景维民（2015）证实贸易开放可以加快工业绿色技术进步速度，降低工业二氧化硫和二氧化碳的排放量，推动了工业发展方式的绿色转变。林伯强和刘泓汛（2015）通过建立包含 Tobit 模型的联立方程组，探究了对外贸易如何影响中国工业行业能源利用效率，认为对外贸易可以积极改善工业行业能源利用效率。

在外商直接投资对工业绿色转型影响方面的研究结论不一，可归纳为以下三点。第一种观点认为，外商直接投资可以通过技术扩散或者外溢效应影响全要素生产率，并通过选择清洁的生产方式降低环境污染。惠勒（Wheeler，2001）指出，从全世界来看那些吸引外商直接投资最多的国家空气质量都不断向改善的方向发展。赵文军和于津平（2012）从总体和行业分组两个层面分析了外商直接投资对工业经济转型的影响，研究认为扩大外商直接投资能够促进中国工业经济增长方式的转变。盛斌和吕越（2012）利用结构计量模型和系统 GMM 估计方法检验了外商直接投资与工业污染排放之间的关系，研究表明，外商直接投资的进入有利于降低中国工业污染排放。第二种观点认为，外商直接投资增加了工业污染物排放，未能使得技术进步向清洁技术方向发展。格里姆斯和肯托（Grimes and Kentor，2003）运用 CKC 模型考察外商直接投资与清洁技术之间的关系，结果发现，外商直接投资并没有促进清洁技术的发展。罗良文和李珊珊

（2012）分析了我国2001～2010年35个工业行业的面板数据，认为在短期内外商直接投资的前向技术外溢会促使工业碳排放增加。李斌等（2016）构建动态面板数据模型检验了外商直接投资对绿色全要素生产率的影响，结果显示，外商直接投资对绿色全要素生产率具有显著的负向作用。第三种观点认为，外商直接投资的环境效应的正负难以直接确定，可能受其他因素影响。景维民和张璐（2014）发展了阿西莫格鲁等（Acemoglu et al.，2012）的偏向型技术进步模型，探究外商直接投资对绿色技术进步的作用机制，发现外商直接投资对绿色技术进步的影响同时存在技术溢出效应和产品结构效应，最终的影响效果受制于环境规制强度和政策引导。

（5）其他因素。

除上述影响因素外，一些学者还关注到了科技人力资源、新能源革命、政府科技支持、金融错配、土地资源错配、绿色信贷、禀赋结构等因素。其中，中国科技人力资源对于工业绿色转型虽有一定的正向作用，但存在显著的环境规制门槛效应，即较低程度的环境规制水平并不利于科技人力资源对工业绿色转型的促进作用（常青山等，2020）。此外，绿色信贷与工业绿色全要素生产率也存在显著 U 形关系（郭威和曾新欣，2021）。新能源革命对我国工业绿色转型的影响效率较为显著，对新能源工业行业的绿色经济效率和环境效率提升作用尤为明显（吴静，2017）。政府科技支持的实施对地方工业绿色全要素生产率增长表现出长期促进机制（戴魁早和骆莙函，2022）。金融错配与土地资源错配则对工业绿色全要素生产率具有显著的抑制作用（邓楚雄等，2021）。同时，禀赋结构的提升也明显抑制了工业绿色全要素生产率的增长（李琳和刘琛，2018）。

2.2.3.2 工业绿色转型的成本收益研究

目前，中国已进入工业绿色转型升级的重要战略机遇期。虽然在推动工业向绿色转型的过程中，需要付出一定的成本和代价。第一，工业绿色转型的直接成本。工业绿色转型的直接成本主要是工业企业采用环保技术以及相关设备的投资，即工业体系的绿色构建成本（韩晶，2011）。第二，工业绿色转型的间接成本。工业绿色转型的间接成本主要来自高耗能、高排放工业行业的就业问题。工业绿色转型会给高污染、高排放行业带来岗位流失的负面影响，引起社会失业问题，从而造成更严重的贫富差距（中国社会科学院工业经济研究所课题组，2011）。

工业绿色全要素生产率对工业经济增长的贡献可谓是工业绿色转型最直接的收益（彭星和李斌，2015）。其次，工业绿色转型是减少污染排放的主要推动力量，同时对碳减排的作用相对更加明显（Hou et al.，2018）。而且，工业绿色转型与生态文明建设之间具有协同效应，两者相互促进，形成正向循环，实现双赢（Meng，2021）。此外，工业绿色转型还会激发新的业态。例如，环保服务业，其是工业绿色转型进程不断推进、污染防治力度逐步加大、环保制度逐步强化下的必然产物。环保服务业的市场前景广阔，逐步走向更为专业化与市场化（王小平和赵娜，2015）。

2.2.3.3 工业绿色转型的路径选择与动态演变研究

工业绿色转型可以借助"内部发展"和"外部寻求"两种路径，且不同地区可以因地制宜采取不同的发展路径（Mao，Wang and Sun，2019；孙传旺和张文悦，2022）。其中，经济发达地区可以通过加大工业企业研发投入，进而提高工业绿色全要素生产率，而经济欠发达地区可以通过加强排污费的征收力度，从而有效提升工业绿色全要素生产率（曲小瑜和赵子煊，2022）。地区层面，江苏沿江城市工业绿色转型升级的发展路径主要以技术创新、产业结构调整为主（Fu，Xiao and Wu，2020）。中西部地区可采用技术引进、模仿创新的路径（Song，Liu and Tang，2014）。此外，还可以通过调整产业结构、优化空间布局、推进清洁生产、推行产品生态设计、强化工业节水、发展环保产业等多种工业绿色转型的发展路径（李博洋等，2015）。

低耗能行业的工业绿色全要素生产率的增长率是最高的，其次是中耗能行业，而高耗能行业的工业绿色全要素生产率的增长率是最低的。2008
年前后我国工业绿色全要素生产率的演化规律呈现出显著的结构性转变，
由 2008 年之前的递增转变为递减（魏玮等，2015）。工业绿色全要素生产
率变化存在省际差异和年际波动的特点（杨文举和龙睿赟，2012）。而且，
在 2014 年之前，工业绿色全要素生产率及其分解要明显低于传统全要素生
产率（陈超凡，2016）。另外，在地方特征方面，长江经济带的工业绿色
全要素生产率在 2006～2018 年经历了三个发展阶段，即稳定期、波动期、
上升期，阶梯性特征凸显（张樨樨等，2021）。而 2009～2016 年传统工业
的绿色全要素生产率始终高于工业绿色全要素生产率，工业绿色全要素生
产率总体处于下降趋势（胡立和等，2019）。

2.2.4　文献述评

既有文献为研究中国工业绿色转型问题提供重要基础，对本书研究进
一步从环境规制和清洁技术偏向视角探究中国工业绿色转型路径提供重要
的启示作用。然而，现有研究仍存在一定的局限性：

（1）目前，国内关于环境规制的研究较为丰富，关于环境规制程度测
算的方法尚未统一标准，不同学者从不同的角度对环境规制进行了测算，
大致可以归结为单一指标法、复合指标法和替代指标法三种度量方式。总
结当前研究可以发现，主要从宏观层面探讨环境规制对工业绿色转型的影
响，从行业和企业层面考察环境规制对工业绿色转型的非线性影响较少。
并且，关于环境规制与清洁技术创新交互效应对工业绿色转型的作用效果，
现有研究也没有深入探讨。

（2）环境规制、清洁技术偏向与中国工业绿色转型关系检验有待进一
步补充。已有部分研究探讨了环境规制、技术进步偏向性与工业绿色转型
两两间的关系，但仍存在以下拓展空间：第一，当前研究多是从全国层面
探讨技术进步对工业绿色转型的影响，忽视了不同区域技术禀赋差异，进

而无法准确刻画清洁技术偏向对工业绿色转型影响效果的区域异质性。第二，鲜有文献对清洁技术偏向对工业绿色转型的影响是否存在环境规制门限效应给予直接回答。

（3）静态视角下"遵循成本效应"，环境规制可能增加企业的生产成本并削弱技术创新能力；动态视角下"技术创新补偿效应"，合理的环境规制可以刺激被规制企业进行技术创新，要实现绿色发展就必须依靠清洁技术来缓解经济发展对资源消耗的过度依赖，减少污染排放对环境的破坏。作为市场型环境规制的碳排放权交易政策已经受到学者广泛关注，相关研究也取得较为丰硕的成果。但是碳排放权交易政策的低碳清洁技术偏向效应的研究较少。此外，现有研究缺乏对中国碳排放权交易对不同试点地区低碳清洁技术政策效果的异质性分析。

（4）尽管已有文献对大气污染协同治理政策进行了效果评价，但主要集中在污染物减排和治理效率上，从清洁技术偏向效应角度来评估大气污染协同治理政策实施效果的文献较为匮乏。并且从地区协同治理层面的检验相对较少，特别是大气污染协同治理效果在异质性主体中的表现。此外，当前研究缺少从企业层面探究大气污染协同治理对清洁技术创新的影响机制。

（5）缺乏从空间视角考察环境规制和清洁技术偏向对中国工业绿色转型的影响。考虑到我国不同地区的资源禀赋存在较大差异，区域工业发展呈现出不平衡特征，环境规制对本地和邻地工业绿色转型可能存在非对称影响。然而，前沿文献忽略环境规制的空间外溢作用，较少探讨本地环境规制强度提升是否会对邻地工业绿色转型产生影响，进而可能低估环境规制对工业绿色转型的影响效应。同时，现有文献关于清洁技术偏向对工业绿色转型影响的研究忽视了技术扩散的空间涟漪效应。为此，有必要从空间视角探究清洁技术偏向对工业绿色转型的影响。

第 3 章

中国工业绿色转型水平测度、区域差异分解及动态演进

关于中国工业绿色转型水平测度是本书的重要基础工作。考虑到工业发展过程中伴随着巨大的能源消耗与严重的环境污染问题，这就要求我们在测算工业绿色转型水平过程中要综合考虑能源与环境因素，否则将使得工业绿色转型水平被高估。为此，本章借助 SBM 方向性距离函数和 Luenberger 生产率指数测度中国分地区工业绿色转型水平，并采用 Dagum 基尼系数及其分解法考察了工业绿色转型水平的区域差异情况。此外，本章还利用非参数核密度估计方法刻画了工业绿色转型水平的动态演进趋势。

3.1　工业绿色转型测度方法介绍

近年来，伴随绿色经济与绿色发展理念的深入，关于工业绿色转型的研究受到学界广泛重视。从其内涵看，绿色转型是工业迈向"能源资源利用集约、污染物排放减少、环境影响降低、劳动生产率提高、可持续发展能力增强"的过程（中国社会科学院工业经济研究所课题组，2011）。同时，工业绿色转型需要以理念、技术与制度的全方位创新为支撑。陈诗

一（2010b）指出，中国工业绿色转型的本质就是通过技术创新的方式促使工业绿色全要素生产率持续改善。关于工业绿色转型的研究也认为工业绿色全要素生产率是反映工业绿色转型水平的最直接方式（彭星和李斌，2015；岳鸿飞等，2017；肖滢和卢丽文，2019；孙海波和刘忠璐，2019，2021）。为此，本章重点采用工业绿色全要素生产率来反映工业绿色转型水平。

测度全要素生产率本质上是对技术效率（技术效率是指在既定的投入下产出可增加的能力或在既定的产出下投入可减少的能力）进行度量，而生产前沿分析法是度量技术效率的常用方法。生产前沿通常用生产函数表示，是指在一定的技术水平下各种比例投入所对应的最大产出集合。前沿分析方法根据能否确定生产函数具体形式分为参数方法和非参数方法，若能够确定生产函数，则为参数方法；否则，为非参数方法。其中，参数方法中的随机前沿分析（stochastic frontier analysis，SFA）方法应用较为广泛，非参数方法则将数据包络分析（data envelope analysis，DEA）方法作为主流方法。

虽然参数方法与非参数方法都是在通过构造生产前沿的基础上度量技术效率，但参数方法的基本假设较为复杂，导致其难以进行模型拓展，相对地提高了投入产出的数据要求，从而限制了其应用程度和范围。例如，在测算绿色全要素生产率时，参数方法将面临设定具体生产函数的问题，即如何将能源资源与污染排放变量以合理的方式纳入具体的生产函数中，然而这个过程是非常困难的（唐松林和周文兵，2021）。而参数方法则能够巧妙地构造出目标函数，可以通过最优化过程来确定权重，从而能够准确衡量技术效率，并且得到决策单元的客观评价。因此，在全要素生产率的测算体系中，学术界更倾向于使用非参数方法测算绿色全要素生产率。

作为测算绿色全要素生产率的代表性非参数方法，传统的 DEA 模型是将污染排放作为投入要素引入生产函数，或是将其等同为期望产出（Färe et al.，1994）。然而，这种传统的 DEA 模型并未考虑到污染的负外部性，导致测得的绿色全要素生产率结果有偏差。为解决该缺陷，钟等（Chung，

Färer and Grosskopf，1997）提出方向性距离函数，有效地解决了期望产出和非期望产出的方向性问题。不过，最初的方向性距离函数属于径向和角度的度量，忽视了投入产出的变量松弛问题，导致估算出的结果存在偏差（涂正革和刘磊珂，2011）。为此，托恩（Tone，2003）提出非径向、非角度的基于松弛变量测度（slacks-based measure，SBM）的方向性距离函数，其能够克服由径向和角度选择差异带来的偏差和影响。因此，国内外较多学者采用 SBM 方向性距离函数测算工业绿色转型（李斌等，2013；原毅军和谢荣辉，2015；袁嘉琪和卜伟，2022；Zou and Zhang，2022）。

无论是径向、角度的方向性距离函数，还是非径向、非角度的 SBM 方向性距离函数，测度的效率只能刻画各个决策单元与生产前沿的接近程度。这就意味着，单一运用方向性距离函数只能测量到静态的绿色生产效率，而难以刻画生产效率的动态变化，无法完整测度并得到绿色全要素生产率。事实上，Malmquist 指数长期被用于测度全要素生产率的动态变化，但其仅适用于传统的距离函数，在测度全要素生产率增长的过程中忽视了非期望产出。为此，钟等（Chung，Färer and Grosskopf，1997）在提出方向性距离函数的基础上，构建了 Malmquist-Luenberger（ML）生产率指数，从而能够有效解决非期望产出问题，并能够得到决策单元与生产前沿相对位置以及生产前沿变化的情况（李斌等，2016）。因此，本章基于非径向、非角度的 SBM 方向性距离函数，结合 ML 生产率指数测度中国分地区工业绿色转型水平。

3.2　工业绿色转型水平测度模型构建

基于前文所述，本部分参考原毅军和谢荣辉（2016）的做法，将每一个省份作为一个决策单元（decision making unit，DMU）以构造生产前沿。每个决策单元的生产可能集为 (x, y, b)，使用 L 种投入 $X = \{x_1, x_2, \cdots,$

$x_L\} \in R_L^+$, M 种期望产出 $Y = \{y_1, y_2, \cdots, y_M\} \in R_M^+$, N 种非期望产出 $B = \{b_1, b_2, \cdots, b_N\} \in R_N^+$。依据弗雷等（Färe et al., 2007）定义的环境技术函数，运用 DEA 方法将环境技术模型化：

$$P^t(x^t) = \{(y^t, b^t) : \sum_{i=1}^{I} \lambda_i^t y_{im}^t \geqslant y_{im}^t, \ \forall m; \ \sum_{i=1}^{I} \lambda_i^t b_{in}^t \geqslant b_{in}^t, \ \forall n;$$

$$\sum_{i=1}^{I} \lambda_i^t b_{il}^t \geqslant b_{il}^t, \ \forall l; \ \sum_{i=1}^{I} \lambda_i^t = 1, \ \forall i\} \quad (3.1)$$

其中，i 代表省市，t 代表时间，λ 表示横截面观测值的权重系数，默认权重系数大于等于 0，表示生产技术为不变规模报酬，加之权重之和为 1 的条件，表示生产技术为可变规模报酬。

基于环境技术 $P^t(x^t)$ 得到的考虑环境因素的可能前沿，本书进一步引入考虑非期望产出的 SBM 方向性距离函数：

$$D_v^t(x_i^t, y_i^t, b_i^t) = \min \frac{1 - 1/L \sum_{l=1}^{L} s_l^x / x_l^i}{1 + 1/(M+N)(\sum_{m=1}^{M} s_m^y / y_m^i + \sum_{n=1}^{N} s_n^b / b_n^i)}$$

$$\text{s. t.} \ \sum_{i=1}^{I} \lambda_i^t x_{i,l}^t + s_l^x = x_{i,l}^t, \ \forall l$$

$$\sum_{i=1}^{I} \lambda_i^t y_{i,m}^t - s_m^y = y_{i,m}^t, \ \forall m \quad (3.2)$$

$$\sum_{i=1}^{I} \lambda_i^t b_{i,n}^t + s_n^b = b_{i,n}^t, \ \forall n$$

$$\sum_{i=1}^{I} \lambda_i^t = 1, \ \lambda_i^t \geqslant 0, \ s_l^x \geqslant 0, \ s_m^y \geqslant 0, \ s_n^b \geqslant 0, \ \forall i$$

其中，D 表示决策单元 DUM，(x_i^t, y_i^t, b_i^t) 是第 t 年省市 i 的投入、期望产出和非期望产出向量。通过线性规划求解得到方向性距离函数后，依据钟等（Chung, Färer and Grosskopf, 1997）提出的方法，进而可以得到第 t 期到第 $t+1$ 期的绿色全要素生产率 ML 指数：

$$ML_t^{t+1} = \left[\frac{D_v^t(x^{t+1}, y^{t+1}, b^{t+1})}{D_v^t(x^t, y^t, b^t)} \times \frac{D_v^{t+1}(x^{t+1}, y^{t+1}, b^{t+1})}{D_v^{t+1}(x^t, y^t, b^t)} \right]^{1/2} \quad (3.3)$$

ML 指数测度的是绿色全要素生产率的增长率，其数值反映了相对上一年度绿色生产率的变化情况。若 ML 指数大于 1，则代表相对于上一年度绿色生产率有所提高；若 ML 指数等于 1，则绿色生产率不变；若 ML 指数小于 1，则绿色生产率有所降低。进一步地，ML 指数可以分解为技术效率变化（EC）和技术进步变化（TC）：

$$ML_t^{t+1} = EC_t^{t+1} \times TC_t^{t+1} \tag{3.4}$$

$$EC_t^{t+1} = \frac{D_v^{t+1}(x^{t+1}, y^{t+1}, b^{t+1})}{D_v^t(x^t, y^t, b^t)} \tag{3.5}$$

$$TC_t^{t+1} = \left[\frac{D_v^t(x^{t+1}, y^{t+1}, b^{t+1})}{D_v^{t+1}(x^{t+1}, y^{t+1}, b^{t+1})} \times \frac{D_v^t(x^t, y^t, b^t)}{D_v^{t+1}(x^t, y^t, b^t)} \right]^{1/2} \tag{3.6}$$

其中，EC 代表生产者内部清洁技术效率变化，主要源于纯技术效率变化和规模技术效率变化，可以判断决策单元相比于上一年度接近生产前沿的程度。若 $EC > 1$，表示决策单元更接近生产前沿，此时清洁技术效率得到改善，对工业绿色全要素生产率起到促进作用；若 $EC < 1$，表示清洁技术效率恶化，阻碍工业绿色全要素生产率增长。TC 代表清洁技术进步变化，源于纯技术进步变化和规模技术进步变化，能够分辨相比于上一年度生产前沿变化情况，若 $TC > 1$，则表示生产前沿扩大，此时清洁技术进步，有利于工业绿色全要素生产率增长；若 $TC < 1$，表示清洁技术退步，不利于工业绿色全要素生产率提高。由于 ML 指数测度的是绿色全要素生产率的增长率，其数值反映了相对上一年度绿色生产率的变化情况。为此，本章参考邱斌等（2008）和陈超凡（2016）的做法，将 ML 指数调整为绿色全要素生产率的实际值。

3.3 工业绿色转型水平测度指标选取与结果

本章主要利用 MaxDEA 软件，对中国 30 个省市区工业绿色转型水平进行测度。由于西藏和港澳台地区的环境方面数据或其他数据缺失严重,故并未将其纳入测度范围。另外,鉴于统计年鉴指标数据统计口径一致性,以及统计数据的可获得性,本章选择 2004 年为初始年份,并将 2017 年作为截止年份。数据来自《中国统计年鉴》《中国工业经济统计年鉴》《中国能源统计年鉴》,以及各省市统计年鉴和 EPS 数据平台。此外,涉及市场价值的数据,例如,工业企业固定资产、工业企业总产值等,均运用相关价格指数平减至基期 2004 年。

3.3.1 投入与产出指标选取

借鉴闫莹等(2020)的投入产出指标体系,投入要素为各省份规模以上工业企业固定资产净值、各省市工业企业平均从业人数、各省市工业能源消费量(折算为标准煤);期望产出为各省市规模以上工业企业总产值和工业企业利润总额;非期望产出为各省区市规模以上工业企业固体废弃物排放总量、废水排放总量和废气排放总量。具体而言,各指标的选取说明如下:

(1)资本投入。借鉴吴传清和张雅晴(2018)的做法,选择初始年份的各省份规模以上工业企业固定资产净值作为初始资本存量,选择相邻年份固定资产差额作为投资额,选择逐年累加的相应年份固定资产存量作为资本投入。

(2)劳动投入。由于难以计算各省市工业企业劳动力用工时间,本章借鉴黄庆华等(2018)的做法,选择各省份工业企业平均从业人数代表本章的劳动投入。

(3)能源投入。在传统的全要素生产率测度中,能源并未作为投入要素纳入测度指标体系。不过,绿色全要素生产率将非期望产出视为重要部分,而能源则为非期望产出提供了较大贡献。因此,选择合适的能源投入是准确衡量工业绿色转型的关键。基于此,本章借鉴先前研究(闫莹等,

2020；吴传清和张雅晴，2018），选择各省份工业能源消费量并折算成标准煤代表能源投入。

（4）期望产出。期望产出指标代表工业企业生产过程中的"好产出"，早期多数文献采用工业企业增加值或工业企业总产值作为期望产出的代理变量，然而单一指标难以准确衡量期望产出。因此，本章借鉴闫莹等（2020）的研究，选择工业企业总产值和工业企业利润总额来衡量产出。

（5）非期望产出。关于非期望产出指标的选取，相关文献多选择工业企业"三废"进行衡量。对此，本章选取各省市规模以上工业企业废水排放量、工业企业废气排放量和固体废弃物产生量来衡量非期望产出。

3.3.2　工业绿色转型水平测度结果

图 3.1 显示全国层面和分区域层面工业绿色转型平均水平的变化趋势。从全国层面来看，工业绿色转型水平整体呈上升趋势，说明我们国家工业绿色发展成效显著。特别是 2015 年之后工业绿色转型水平上升速度十分明显。这也是党的十八届五中全会上创造性提出了"创新、协调、绿色、开放、共享"的新发展理念以来，我国工业大力推进和实施绿色发展，取得的根本实效。从分区域层面来看，工业绿色转型水平存在明显的区域差异。2013 年之前，中部、西部地区的工业绿色转型水平要高于东部地区，这可能是因为东部地区加工制造业比重偏高，使得产业结构失调。同时，东部地区成为资源的主要使用者，高能耗、高排放、低效率的粗放式发展模式仍未得到改变，高能耗行业占整个工业的比重过高，从而使得这一时期内东部地区工业绿色转型水平偏低。2013 年之后，东部地区工业绿色转型水平明显高于中部、西部地区。这是因为受到节能减排的约束，东部地区将一些高污染、高能耗的产业转移到了中部、西部地区。此外，东部地区依靠要素禀赋优势，大力发展清洁技术创新也助力了工业绿色转型。

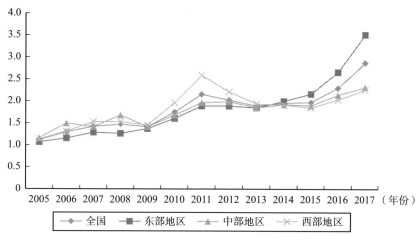

图 3.1　各区域工业绿色转型水平变化趋势

3.4　工业绿色转型水平的区域差异分析

3.4.1　Dagum 基尼系数及其分解

关于不平等程度测算的方法一般采用传统的基尼系数和泰尔指数（Camilo，1997）。但是这两种方法的前提需要样本满足正态分布与同方差假定，在处理存在交叉重叠的分组样本时，存在一定的局限性（张卓群等，2022）。Dagum 基尼系数不仅能将样本的总体差异分解为组内差异和组间差异，还能够测算出组间超变密度，这也使得 Dagum 基尼系数在研究区域差异方面得到广泛应用。Dagum 基尼系数公式如下：

$$G = \frac{1}{2n^2\bar{y}} \sum_{i=1}^{k} \sum_{j=1}^{k} \sum_{h=1}^{n_i} \sum_{r=1}^{n_j} |y_{ih} - y_{jr}| \tag{3.7}$$

其中，G 代表总体 Dagum 基尼系数，n 代表地区数目，$\bar{y}$ 代表工业绿色转型水平的平均值（$\bar{y}_h \leq \cdots \leq \bar{y}_j \leq \cdots \leq \bar{y}_k$），$k$ 为将省份划分的组数（本章划分为 3 组，即东部地区、中部地区、西部地区），i 和 j 代表某一地区（$i = 1$，2，3；$j = 1$，2，3），n_i 和 n_j 分别代表 i 地区和 j 地区内省份数目，y_{ih} 和 y_{jr} 分别代表 i 地区和 j 地区内任意省份的工业绿色转型水平。

Dagum 基尼系数可分解为组内差异对总体基尼系数的贡献 G_w、组间差异的净贡献对总体基尼系数的贡献 G_{nb}、超变密度的贡献 G_t。G_{nb} 与 G_t 之和反映了区域间不平等的总贡献。Dagum 基尼系数可以分解如下：

$$G = \sum_{j=1}^{k} G_{jj} P_j S_j + \sum_{j=1}^{k} \sum_{h \neq j} G_{jh} P_j S_h D_{jh} + \sum_{j=1}^{k} \sum_{h \neq j} G_{jh} P_j S_h (1 - D_{jh}) \quad (3.8)$$

$$G = G_w + G_{nb} + G_t \quad (3.9)$$

式（3.8）中，$P_j = n_j/n$ 代表 j 地区内省份数目占全国省份的比值，$S_j = n_j \bar{y}_j / n \bar{y}$ 代表 j 地区工业绿色转型水平占全国所有省份工业绿色转型水平的比值。$D_{jh} = (d_{jh} - P_{jh})/(d_{jh} + P_{jh})$ 表示 j 地区和 h 地区工业绿色发展水平的相对差距，其中，d_{jh} 定义为 j 地区和 h 地区工业绿色转型水平指数的差值，P_{jh} 定义为超变一阶矩，具体表达式如下。

$$d_{jh} = \int_0^\infty dF_j(y) \int_0^y (y - x) dF_h(x) \quad (3.10)$$

$$P_{jh} = \int_0^\infty dF_h(y) \int_0^y (y - x) dF_j(x) \quad (3.11)$$

其中，$F_j(\cdot)$ 和 $F_h(\cdot)$ 代表调整后的 j 地区和 h 地区工业绿色转型水平的累计分布函数。

3.4.2 工业绿色转型水平的空间差异与来源分解

图 3.2 显示工业绿色转型水平总体差异。从全国层面来看，在 2013 年以前，工业绿色转型水平的整体基尼系数变化相对平稳，基本在 0.06 上下波动，说明我国工业绿色转型没有呈现出很明显的区域不均衡现象。但是在 2013 ~ 2015 年，整体基尼系数出现明显上升趋势，说明在这一阶段我国

工业绿色转型的区域不均衡现象有所加重。这可能是受到《2013 年工业节能与绿色发展专项行动实施方案》的影响，各区域着力推进工业绿色发展，东部地区率先推行产业结构调整与节能减排，并且在这个过程中针对高能耗、高污染、高排放的产业开始寻求迁移。中部、西部地区虽然自然资源相对丰富，但工业绿色发展形势依然严峻，为了加快经济发展，承接了一些东部地区转移的污染产业，从而造成我国工业绿色转型出现阶段性的区域不均衡现象。目前，中部、西部地区的绿色产业的发展水平总体来看仍处于低位。此外，我国区域间产业结构和能源结构不平衡，以及绿色化协同发展不足也促使了工业绿色转型过程中出现区域不均衡现象。

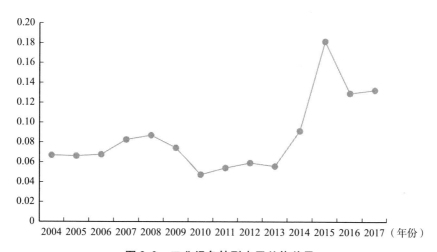

图 3.2　工业绿色转型水平总体差异

图 3.3 显示工业绿色转型水平的区域内差异。相对于中部、西部而言，东部地区的组内基尼系数相对处于较低水平，说明东部地区工业绿色转型水平的区域内差异相对较低，这主要是东部地区的劳动力素质、经济基础、技术创新、环保意识以及环境监管等方面均表现出明显优势。东部地区的工业企业绿色创新绩效水平也多处于"高效率、高产出"的状态（王彩明和李健，2019）。所以，从全局的角度来看，东部地区的工业绿色发展的整

体水平表现良好，进而使得东部地区的组内基尼系数较小。中部地区的组内基尼系数波动较大，2009 年的组内基尼系数最小，2015 年的组内基尼系数最大。中部地区作为全国生态文明建设示范区，积极推进传统产业绿色化转型发展。加之中部崛起战略也促使中部地区产业结构进行深度调整。但是，中部地区受资源环境约束和清洁技术创新水平不高等问题影响，使得一些省份工业绿色转型水平不高，从而造成中部地区工业绿色转型水平的组内差异较大。西部地区分布在 2007～2010 年、2015～2017 年出现两个波峰，但整体来看波动不大。可能是由于西部地区地广人稀，并且工业基础相对薄弱，产业较为单一，从而使得西部地区的组内基尼系数变化幅度不大。

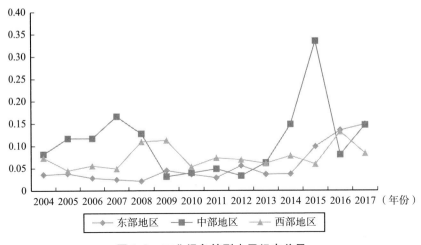

图 3.3　工业绿色转型水平组内差异

图 3.4 显示工业绿色转型水平的区域间差异。东部－中部、中部－西部的区域间基尼系数整体上呈现出 M 形演变趋势，东部－西部的区域间基尼系数波动幅度不大，整体上有小幅上升趋势。从图 3.4 我们可以发现，区域间基尼系数呈现出阶段性特征，在 2004～2008 年，东－中部、中－西部的区域间基尼系数要大于东－西部。在 2005～2013 年，东－西部、中－

西部的区域间基尼系数要大于东－中部。在 2014～2017 年，东－中部、中－西部的区域间基尼系数出现了明显的上升回落的变化过程，而东－西部的区域间基尼系数持续上升。"十一五"以来，中央政府提出了实施西部大开发、促进中部地区崛起、鼓励东部地区率先发展的区域总体战略。在经济转型的大背景下，东部地区"腾笼换鸟"，中部、西部地区"筑巢引凤"，传统产业加快从东部地区向中西部地区转移，进而使得工业绿色转型水平的区域间差异呈现出阶段性特征。

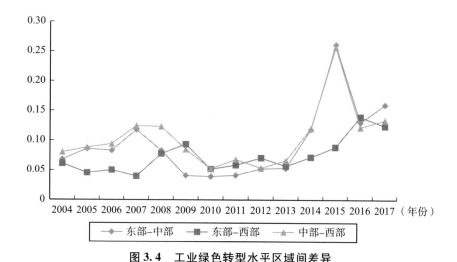

图 3.4　工业绿色转型水平区域间差异

表 3.1 报告了区域差异来源与贡献率。从表中可知，组内差异贡献率（G_w）2004 年为 31.333%，到 2017 年变为 31.167%，整体变化幅度不大。组间差异贡献率（G_{nb}）2004 年为 32.558%，2015 年超过 50%，到 2017 年回落到 19.696%。超变密度的贡献率（G_t）2004 年为 36.109%，到 2017 年增长到 49.138%。从组间差异贡献率与超变密度的贡献率二者之和可以看出，样本期间内均超过 65%，这反映出组间差异成为工业绿色转型水平区域差异的主要来源。

表 3.1　　　　　　　　　　　区域差异来源与贡献率　　　　　　　单位：%

年份	G_w	G_{nb}	G_t	$G_{nb} + G_t$
2004	31.333	32.558	36.109	68.667
2005	29.579	32.834	37.587	70.421
2006	29.068	21.262	49.670	70.932
2007	27.710	47.572	24.717	72.289
2008	30.059	31.523	38.418	69.941
2009	32.496	41.412	26.092	67.504
2010	32.037	33.788	34.175	67.963
2011	31.268	35.111	33.621	68.732
2012	32.497	33.406	34.096	67.502
2013	30.873	27.553	41.574	69.127
2014	28.147	49.765	22.088	71.853
2015	27.532	51.529	20.940	72.469
2016	32.958	24.990	42.052	67.042
2017	31.167	19.696	49.138	68.834
平均值	30.480	34.500	35.020	69.520

3.5　工业绿色转型水平动态演进

3.5.1　核密度估计法

上文我们通过 Dagum 基尼系数及其分解对工业绿色转型水平的区域差异及其来源进行分析。但是这种方式无法刻画工业绿色转型水平的区域绝对差异与动态演进（赵磊和方成，2019）。为此，本章采用核密度估计法进一步探究工业绿色转型水平动态演进。核密度估计作为一种非参数估计法,不仅能够对样本数据进行很好的拟合,而且还可以直观地描述样本数据分布的整体形态(刘忠宇等,2021)。核密度曲线的水平位置反映工业绿色转型水平的高低,核密度曲线的峰高反映工业绿色转型水平在区间内的聚集程度,如果曲线峰值降低、宽度加大,表明各省份工业绿色转型水平差异程度变大。如果核密度曲线呈现出多峰形态,则表明工业绿色发展水平出现极化现象。如果出现明显的拖尾特征,则说明工业绿色发展水平区域内差异程度越高(张卓群等,2022)。

假设随机变量 x 的密度函数为 $f(x)$,其表达式如下:

$$f(x) = \frac{1}{Nh}\sum_{i=1}^{N} K\left(\frac{X_i - \bar{x}}{h}\right) \tag{3.12}$$

其中,N 表示观测值的个数,X_i 表示满足独立同分布特征的观测值,$\bar{x}$ 为平均值;$K(\cdot)$ 表示核密度函数,h 表示带宽,如果带宽取值越大,说明核密度函数图像越光滑,但估计的精度较低,反之则反是。本章采用高斯核函数,其具体表达式如下:

$$K(x) = \frac{1}{\sqrt{2\pi}}\exp\left(-\frac{x^2}{2}\right) \tag{3.13}$$

3.5.2 中国工业绿色转型水平的动态分布特征

图 3.5 显示了不同时期中国工业绿色转型水平的动态演进特征。从峰高和峰宽变化来看,核密度曲线的峰高逐渐下降,峰宽不断增加,这表明工业绿色转型水平的省际差距越来越大。从波峰变化来看,核密度曲线不断右移,这说明中国工业绿色转型水平总体上呈现上升趋势。从曲线分布形态与波峰数目来看,核密度曲线表现出明显的右拖尾特征,这意味着存在工业绿色转型水平较高的地区;2006 年核密度曲线多峰形态明显,说明工业绿色转型水平表现出多极分化现象,随着时间发展,曲线逐渐由多峰向单峰过渡,表明工业绿色转型水平多极分化逐渐减弱。

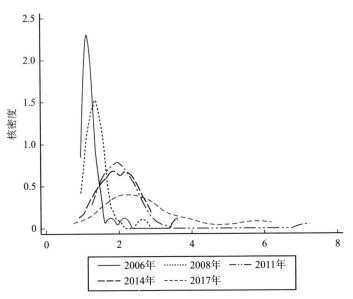

图 3.5　全国层面工业绿色转型水平的分布动态

3.5.3　分地区工业绿色转型水平的动态分布特征

图 3.6（a）显示了不同时期东部地区工业绿色转型水平的动态演进特征。对于东部地区而言，核密度曲线主峰不断右移，峰高逐渐下降，并且波峰宽度呈增加趋势。核密度曲线单峰形态明显，说明东部地区工业绿色转型水平两极分化现象较弱。从曲线分布形态来看，核密度曲线没有表现出明显的拖尾特征，这说明东部地区工业绿色转型水平差异不大。图 3.6（b）显示了不同时期中部地区工业绿色转型水平的动态演进特征。对于中部地区而言，核密度曲线的主峰位置不断右移，意味着工业绿色发展水平呈上升趋势。同时，还可以发现核密度曲线的峰高呈现出先上升后下降的变化趋势，波峰宽度不断增大，说明处于中部地区各省份之间工业绿色转型水平的绝对差异有所增加。图 3.6（c）显示了不同时期西部地区工业绿色转型水平的动态演进特征。对于西部地区而言，核密度曲线峰高出现明显的波动，呈现出"下降—上升—下降"的特征。曲线的主峰位置也表现

出明显右移，说明西部地区工业绿色转型水平不断提升。从曲线分布形态来看，核密度曲线出现一定的右拖尾现象，这表明随着时间的推移，西部地区出现工业绿色发展水平较高的省份。

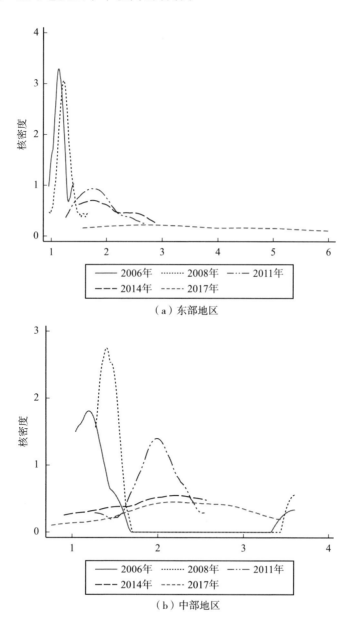

（a）东部地区

（b）中部地区

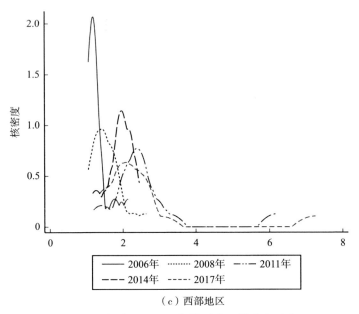

（c）西部地区

图 3.6　各地区工业绿色转型水平的分布动态

3.6　本章小结

本章采用 SBM-ML 模型、Dagum 基尼系数与核密度估计对工业绿色转型水平、区域差异和动态分布特征展开研究，得出如下结论：

（1）从全国层面来看，中国工业绿色转型水平整体呈现递增趋势。就分区域而言，工业绿色转型水平的区域间差异呈现出阶段性特征。2013 年之前，中部、西部地区的工业绿色转型水平要高于东部地区，2013 年之后，东部地区工业绿色转型水平明显高于中西部地区。

（2）当前，我国工业绿色转型呈现出很明显的区域不均衡现象。从组内差异来看，东部地区的组内差异相对较低。从组间差异来看，东 - 中部、中 - 西部的组间差异出现先升后降的变化过程，而东部区域与西部地区差异持续上升。区域差异来源与贡献率结果显示，组间差异成为工业绿色转型水平区域差异的主要来源。

（3）从动态演进来看，中国工业绿色转型水平不断上升，但省际差距越来越大。分区域考察发现，东部地区工业绿色转型水平差异不大，未出现两极分化现象，但中部地区各省份之间工业绿色转型水平的绝对差异有所增加。同时，西部地区出现了工业绿色发展水平较高省份。

第4章
行业视角下环境规制对工业绿色转型影响的实证分析

改革开放以来，以高投资、高能耗及高排放为特征的工业发展模式，虽然对我国经济增长贡献巨大，却造成了严重的环境污染。那么，如何实现工业向绿色低碳方向转型成为首要问题。"十三五"规划提出，继续加强生态环境综合治理。党的十九大报告也明确强调，推进绿色发展，构建市场导向的绿色技术创新体系，这些都为工业绿色转型指明了方向。本章从行业视角，探究环境规制与中国工业绿色转型的关系，其研究结论可为通过制定合理的环境监管政策推动工业绿色转型提供理论与现实参考。

本章边际贡献主要包括两个方面：第一，构建面板门槛模型检验环境规制与工业绿色转型之间是否存在非线性关系；第二，构建交互项模型探究环境规制能否通过引致清洁技术创新进而间接促进工业绿色转型。同时，考虑到清洁型行业与污染型行业的异质性，我们又检验环境规制与清洁技术创新的交互效应对工业绿色转型的作用效果是否存在行业差异。

4.1 机理分析与假说提出

环境规制主要通过"创新补偿效应"和"遵循成本效应"对工业绿色

转型产生影响。当政府通过环境规制限制工业企业污染排放时，企业为了追求利润最大化，会控制自身污染排放量，以降低由环境规制带来的惩罚成本。此外，环境规制也能激发企业开展清洁技术创新，改进生产工艺，提高治污能力。随着绿色产出增加，工业企业在产品市场上具有一定的竞争力，使其能够抵消或者大部分抵消由环境规制带来的成本上升，甚至有可能存在净收益。也就是说，由于"创新补偿效应"的作用，环境规制能够促进工业绿色转型。但是，如果环境规制过于严格，环境保护标准会导致企业运行和投资成本增加，进而生产性投资降低，使得企业逐渐失去原有的市场竞争力。同时，环境规制也减少了企业研发资金投入，制约企业技术创新发展。在"遵循成本效应"的作用下，过强的环境规制并不利于工业绿色转型。据此，提出如下研究假设：

H1：环境规制对工业绿色转型的影响存在门槛效应，当环境规制低于一定门槛值时，环境规制能够促进工业绿色转型，当环境规制跨过门槛值后，环境规制对工业绿色转型起到抑制作用。

企业污染排放程度与清洁技术创新水平有关，在相同条件下，企业清洁技术创新水平越高，污染排放程度越低（许士春等，2012）。在政府环境监管的压力下，清洁技术创新对工业绿色转型的作用效果更为明显。具体而言，为了实现工业绿色转型，工业企业往往会遵循生态经济规律，节约资源和能源，降低生产过程中的污染排放。这就需要企业对一些生产设备进行改造，实现设备的优质、高效、低耗和低排放（陈阳等，2019）。由于企业排污是需要承担相应成本的，所以企业会争取缩短设备改造的时间，从而发挥清洁技术创新的节能减排效应。此外，环境规制会改变消费者选择。受环境规制影响，消费者的环保意识增强，逐渐接受绿色产品，并对其需求不断扩张。在市场需求驱动下，企业生产绿色产品的意愿增强。一旦部分企业通过生产绿色产品获利后，会形成正反馈效应，吸引其他企业采用清洁技术生产更多绿色产品，最终加快工业整体向绿色方向发展。据此，提出如下研究假设：

H2：环境规制能够正向影响清洁技术创新对工业绿色转型的作用效果。

对于清洁型行业，一方面，企业生产过程中污染物排放低，环境规制遵从成本效应所挤占的资源相对较少，在更多资金支持下清洁技术创新会更好地促进工业绿色转型；另一方面，在政府环境监管下，消费者对绿色产品偏好增强，企业利用自身拥有的清洁技术优势，加快生产绿色产品，有利于提高自身竞争力。也就是说，在环境规制影响下，清洁型行业形成一种"清洁生产技术—绿色产品—市场竞争力"的良性循环。对于污染型行业而言，由于污染型行业企业需要付出更高的环境规制遵从成本，企业会抽出部分资金用于污染治理，从而削减研发投入，在资金约束影响下清洁技术促进企业绿色转型的效果会减弱。因此，在清洁型行业中，环境规制与清洁技术创新的交互效应更有利于工业绿色转型。据此，提出如下研究假设：

H3：环境规制与清洁技术创新的交互效应在清洁型行业中更为显著。

4.2　模型设定、变量说明与数据来源

4.2.1　计量模型设定

（1）本章构建面板门槛回归模型检验环境规制对工业绿色转型的非线性影响。该模型的优点是不仅可以自动判别门槛值的个数而且可以确定具体的门槛值，还能够以严格的统计推断方法对门槛值进行参数估计和假设检验。面板门槛回归模型具体形式如下：

$$GTFP_{it} = \gamma_0 + \gamma_1 GT_{it} + \gamma_2 ER_{it} \times (ER_{it} \leqslant \tau) + \gamma_3 ER_{it}$$
$$\times (ER_{it} > \tau) + \gamma_4 Z_{it} + \varepsilon_{it} \tag{4.1}$$

其中，i 和 t 分别表示行业和时间，$GTFP$ 表示工业绿色转型，GT 表示清洁技术创新，ER 表示环境规制，τ 表示门槛值，γ 表示待估计参数，ε 表示随机干扰项。Z 为一系列控制变量，具体包括：所有制结构（SOP）、行业竞争程度（$FIRMS$）、资本密集程度（KL）、能源结构（ES）。$I(\cdot)$ 表示指示性函数，当小括号内的条件表达式为真时，$I(\cdot)$ 取值为 1，反之，则取值为 0。

模型（4.1）主要通过两步来实现。第一步是对门槛值及其系数的估计，其中门槛值的估计是通过格栅搜索法获得。第二步是检验是否存在门槛效应，就是对原假设 $H_0: \gamma_2 = \gamma_3$ 是否成立进行检验。如果接受原假设，则表明不存在门槛效应，进而也不需要对门槛值的真实性进行检验。如果拒绝原假设，则表明存在门槛效应。

（2）本章构建一个包含环境规制与清洁技术创新交互项的面板数据模型，检验环境规制和清洁技术创新的交互效应对工业绿色转型的作用效果。如果交互项的估计系数显著为正，则表明环境规制能够正向调节清洁技术创新对工业绿色转型的影响。具体计量模型为：

$$GTFP_{it} = \beta_0 + \beta_1 ER_{it} + \beta_2 GT_{it} + \beta_3 ER_{it} \times GT_{it} + \beta_4 Z_{it} + \varepsilon_{it} \tag{4.2}$$

其中，$ER \times GT$ 表示环境规制与清洁技术创新的交互项，其他变量含义与模型（4.1）相同。

4.2.2　变量说明

4.2.2.1　被解释变量

工业绿色转型。本章选取的 26 个工业行业作为决策单元测算工业绿色转型水平。其中，投入要素为劳动、资本和能源消费，期望产出为工业增加值，非期望产出为污染排放。

4.2.2.2 核心解释变量

环境规制。本章借鉴沈能等（2012）的方法，使用工业行业污染治理运行费用与工业总产值比重作为环境规制的代理变量。由于《中国环境数据库》缺乏工业行业固体废物治理运行费用数据，加之固体废物治理费用占污染治理总费用份额相对较少，因此本章的工业行业污染治理运行费用仅包括各工业行业废水和废气的治理运行费用。环境规制强度计算公式为：（废水治理运行费 + 废气治理运行费）/行业总产值。

4.2.2.3 控制变量

（1）清洁技术创新是指通过研发和采用符合环保要求的技术手段，向市场提供绿色产品，从而达到减少环境污染和节约资源的目的。本章参考徐建中和王曼曼（2018）的做法，采用各工业行业新产品销售收入与能源消耗量比值衡量清洁产品创新，采用各行业研发内部支出与技术改造经费之和度量清洁工艺创新，将二者进行加总来反映清洁技术创新水平。

（2）所有制结构采用国有及国有控股企业工业总产值占全部工业企业总产值的份额作为代理变量。

（3）行业竞争程度使用各行业内企业单位数来表示。

（4）资本密集程度选用资本与劳动比值作为代理变量。

（5）能源结构使用各行业煤炭消费量占能源消费总量来表示。

4.2.3 数据来源

鉴于数据的完整性与可得性，本章选取 2005～2013 年我国 26 个工业行业面板数据作为实证分析对象。① 本章数据来自《中国统计年鉴》《中国工业经济统计年鉴》《中国能源统计年鉴》《中国环境统计年鉴》《工业企业科技活动统计年鉴》《中国劳动统计年鉴》，以及 EPS 数据平台。

4.3 实证结果与分析

为了避免出现伪回归，需要对面板数据进行单位根检验。本章分别采用同质面板单位根检验（LLC 检验）、异质面板单位根检验（Fisher-ADF 检验和 Fisher-PP 检验），具体结果如表 4.1 所示。经过三种不同方法的检验可以发现，无论是同质面板单位根检验，还是异质面板单位根检验均显著地拒绝了存在单位根的原假设，进而表明本章所选取的各变量序列是平稳的。

表 4.1　　　　　　　　　　面板单位根检验结果

变量	LLC 检验	Fisher-ADF 检验	Fisher-PP 检验
GTFP	− 4. 1574 ***	79. 0384 ***	159. 1278 ***
ER	− 4. 4120 ***	115. 1126 ***	123. 5456 ***
GT	− 20. 2681 ***	116. 4568 ***	118. 8903 ***
SOP	− 12. 1955 ***	92. 1231 ***	242. 0536 ***
FIRMS	− 11. 5103 ***	95. 6082 ***	79. 6358 ***
KL	− 1. 8385 **	309. 4949 ***	150. 4667 ***
ES	− 15. 8870 ***	84. 6970 ***	161. 9107 ***

注：* 、 ** 、 *** 分别代表在 10% 、 5% 、 1% 的显著性水平下通过检验。

---

① 1 农副食品加工业、2 食品制造业、3 饮料制造业、4 烟草制造业、5 纺织业、6 纺织服装制造业、7 皮革毛皮羽业、8 木材加工业、9 家具制造业、10 造纸及纸制品业、11 印刷业和记录媒介的复制业、12 文教体育用品制造业、13 石油加工业、14 化学原料及化学制品制造业、15 医药制造业、16 化学纤维制造业、17 非金属矿物制品业、18 黑色金属冶炼及压延加工业、19 有色金属冶炼及压延加工业、20 金属制品业、21 通用设备制造业、22 专用设备制造业、23 交通运输设备制造业、24 电气机械及器材制造业、25 通信设备计算机及其他电子设备制造业、26 仪器仪表及文化办公用机械制造业。

4.3.1 环境规制对工业绿色转型的门槛效应

在面板门槛模型参数估计之前，需要检验是否存在门槛效应以及门槛值个数。本章运用 Bootstrap 方法，通过反复抽样 300 次得到相应的 F 统计量和 P 值。表 4.2 给出了门槛效应检验结果。从表 4.2 中不难发现，以环境规制作为门槛变量时，单一门槛模型和双重门槛模型的 F 值均大于 1% 显著性水平下的临界值，三重门槛模型的 F 值大于 10% 显著性水平下的临界值，说明环境规制对工业绿色转型的影响存在三重门槛效应，也表明本章使用门槛模型进行分析是合理的。

表 4.2　　　　　　　　　　门槛效应检验结果

模型	F 值	P 值	BS 次数	临界值		
				1%	5%	10%
单一门槛	57.9180 ***	0.0000	300	31.9160	16.2520	10.5670
双重门槛	28.4270 ***	0.0000	300	12.4640	7.1000	5.6850
三重门槛	5.9370 *	0.0570	300	11.3160	6.5900	4.0280

注：*、**、*** 分别代表在 10%、5%、1% 的显著性水平下通过检验。

本章使用 STATA 11.2 软件对面板门槛模型进行参数估计，结果如表 4.3 所示。从表 4.3 可以看出，不同强度的环境规制对中国工业绿色转型的影响表现出明显的差异。从总体层面来看，环境规制与工业绿色转型之间的关系表现出明显的倒 U 形特征。从具体门槛值来看，以环境规制作为门槛变量得到的门槛值分别为 1.62、2.12 和 9.33。依据这三个门槛值可以划分出四个不同的门槛区间，不同的门槛区间内环境规制对工业绿色转型影响效果不同。当环境规制强度小于 1.62 时，其对工业绿色转型的影响系数为 0.1390，并在 1% 的显著性水平下通过检验，说明在第一个门槛区间内环境规制对工业绿色转型具有明显的促进作用；当环境规制强度介于 1.62～2.12 时，环境规制对工业绿色转型仍然具有显著的正向影响，但这种正效应有所弱化；当环境规制强度继续增加，进入第三个门槛区间时，环境规制对工业绿色转型的影响效果由正转变为负，并且在 1% 的显著性水平下通过检验，表明此时环境规制对工业绿色转型具有明显的抑制作用；当环境规制强度超过 9.33 后，环境规制的估计系数依然显著为负。因此，随着环境规制强度的增强，环境规制的工业绿色转型效应具有显著的倒 U 形演变规律，只有在环境规制强度低于一定门槛值时，才会有利于工业绿色转型，假设 1 得到支持。

表 4.3   门槛模型估计结果

变量	估计参数	标准差	t 统计量	95% 的置信区间
ER_1（$ER \leqslant 1.62$）	0.1390***	0.0210	6.61	[0.0975, 0.1805]
ER_2（$1.62 < ER \leqslant 2.12$）	0.0469***	0.0143	3.29	[0.0187, 0.0751]
ER_3（$2.12 < ER \leqslant 9.33$）	−0.0098***	0.0036	2.67	[−0.0171, −0.0025]
ER_4（$9.33 \leqslant ER$）	−0.0018**	0.0008	−2.29	[−0.0033, −0.0002]
GT	−0.0410	0.0255	1.60	[−0.0913, 0.0093]
$FIRMS$	−0.0267**	0.0113	2.34	[−0.0491, −0.0042]
SOP	−0.0004	0.0004	−0.79	[−0.0012, 0.0005]
KL	0.0088	0.0074	1.20	[−0.0057, 0.0234]
ES	−0.1017**	0.0491	−2.07	[−0.1984, −0.0048]
常数项	0.9533***	0.1528	6.24	[0.6519, 1.2546]

注：*、**、*** 分别代表在 10%、5%、1% 的显著性水平下通过检验。

4.3.2 环境规制对工业绿色转型的交互影响

考虑到对模型（4.2）进行计量分析时，可能会出现随机误差项不满足最小二乘估计的假设条件，如果直接进行参数估计，所得的结果会存在偏误。而广义最小二乘法（FGLS）可以很好地克服由截面数据造成的序列相关和异方差等问题，能够获得更加有效的估计结果。但由于本章的样本数据，时间跨度短、截面数长，可能使得 FGLS 方法的标准差无法很好地反映其变异情况，这时需要采用面板校正标准误估计（PCSE）进行修正，以得到更加准确的估计结果。为此，本章同时使用 FGLS 方法和 PCSE 方法对模型（4.2）进行参数估计，不仅保证了估计参数的准确性，也确保回归模型的稳健性。参数估计发现 FGLS 方法和 PCSE 方法得到的结果完全一致，表明本章模型具有较好的稳健性，表 4.4 中仅报告 PCSE 方法的估计结果。同时，为了进行对比分析，表 4.4 中也给出未包含交互项的模型估计结果。

表 4.4　环境规制与清洁技术创新对工业绿色转型的交互效应检验结果

变量	全部行业		清洁型行业		污染型行业	
	（1）	（2）	（3）	（4）	（5）	（6）
ER	− 0.0055 *** (0.0004)	− 0.0150 *** (0.0035)	− 0.0161 *** (0.0019)	− 0.0751 ** (0.0365)	− 0.0008 *** (0.0003)	− 0.0133 *** (0.0027)
GT	0.0397 * (0.0209)	0.0228 (0.0227)	0.0488 ** (0.0232)	0.0042 (0.0300)	0.1070 *** (0.0229)	0.0561 *** (0.0084)
$GT \times ER$		0.0015 *** (0.0005)		0.0098 * (0.0058)		0.0020 *** (0.0004)
$FIRMS$	− 0.0754 *** (0.0229)	− 0.0740 *** (0.0231)	− 0.1190 *** (0.0278)	− 0.1200 *** (0.0274)	0.0146 (0.0135)	0.0225 (0.0141)
SOP	− 0.0008 (0.0008)	− 0.0008 (0.0007)	− 0.0005 (0.0009)	− 0.0002 (0.0010)	− 0.0023 (0.0027)	− 0.0021 (0.0029)
KL	0.0156 ** (0.0078)	0.0101 (0.0083)	0.0291 * (0.0156)	0.0274 * (0.0157)	− 0.0104 * (0.0058)	− 0.0181 *** (0.0058)
ES	− 0.3730 *** (0.0153)	− 0.3600 *** (0.0182)	− 0.6260 *** (0.0610)	− 0.6430 *** (0.0599)	− 0.1220 *** (0.0127)	− 0.0966 *** (0.0142)

续表

变量	全部行业		清洁型行业		污染型行业	
	（1）	（2）	（3）	（4）	（5）	（6）
常数项	0.8440 *** (0.0975)	0.9450 *** (0.1080)	1.1070 *** (0.1070)	1.3850 *** (0.1870)	- 0.2700 * (0.1450)	0.8526 *** (0.2449)
Wald	1348.89 ***	1479.98 ***	194.38 ***	288.52 ***	374.51 ***	1924.80 ***
R^2	0.578	0.581	0.500	0.512	0.572	0.954
样本数	234	234	135	135	99	99

注：* 、** 、*** 分别代表在10% 、5% 、1% 的显著性水平下通过检验；括号内为标准差。

由表4.4 中全部行业估计结果可知，未引入环境规制与清洁技术创新交互项时，清洁技术创新对工业绿色转型的影响系数显著为正，环境规制对工业绿色转型的影响显著为负。可见，清洁技术创新可以直接推动工业绿色转型，而环境规制对工业绿色转型并未表现出促进作用。在引入环境规制与清洁技术创新交互项后，清洁技术创新的估计系数为正但不显著，环境规制的系数依然显著为负，二者交互项估计系数显著为正，表明环境规制能够正向影响清洁技术创新对工业绿色转型的作用效果。由此，假设H2 得到验证。对行业进行分组检验后发现，不同类型行业的环境规制与清洁技术创新交互效应存在一定差异。环境规制与清洁技术创新交互项在清洁型行业中的估计系数为0.0098，在10% 的显著性水平下通过检验，而在污染型中的估计系数为0.0020，在1% 的显著性水平下通过检验。据此可知，环境规制与清洁技术创新的交互效应在清洁型行业中更明显。进而，假设H3 得以验证。

控制变量方面，就全部行业估计结果而言，行业竞争程度的估计系数显著为负，说明从全行业层面来看行业竞争对工业绿色转型具有抑制作用，这可能是企业将部分资金和人力用于提升自身竞争力，削减了清洁技术研发投入，从而对工业绿色转型产生负向影响。所有制结构估计系数为负但未能通过检验，表明所有制结构对工业绿色转型的影响效果不显著。资本密集程度的估计系数为正,引入交互项之后显著性发生改变。能源结构的估计系数显著为负,说明煤炭消费量占能源消费总量比重越高,越不利于工业绿色转型。从清洁型行业来看,各控制变量的估计结果与全部行业基本一致。从污染型行业来看,行业竞争程度和资本密集程度的估计结果有所不同,行业竞争程度估计系数为正,但未能通过检验,说明行业竞争程度对污染型行业绿色转型影响效果不显著。资本密集程度显著为负,这可能是因为污染型行业资本密集程度比较高,若使用清洁生产设备替代原有设备的成本也比较高,进而使得其对工业绿色转型的作用效果显著为负。

4.4 本章小结

本章基于行业视角,探讨了环境规制与工业绿色转型之间的关系。首先,本章从理论层面讨论了环境规制对工业绿色转型的作用机理,并阐述了环境规制与清洁技术创新对工业绿色转型的交互效应及其在行业间的差异。其次,本章通过构建面板门槛回归模型和交互项模型检验环境规制对工业绿色转型的影响。最后,考虑到清洁型行业与污染型行业的异质性,本章又检验了环境规制与清洁技术创新的交互效应对工业绿色转型的作用效果在不同行业内的差异。研究结果表明,环境规制与工业绿色转型之间呈现出倒 U 形关系,并且环境规制能够正向调节清洁技术创新对工业绿色转型的影响。异质性检验表明,环境规制与清洁技术创新的交互效应在清洁型行业中更为显著。

第 5 章

微观企业视角下环境规制对工业
绿色转型影响的实证分析

十三届全国人大一次会议表决通过宪法修正案，把生态文明和建设美丽中国的要求写入宪法。十三届全国人大四次会议做出关于全面加强生态环境保护，依法推动打好污染防治攻坚战的决议。这表明利用环境规制进行污染防治已成为必然趋势。为此，本章从微观视角以制造业企业为研究对象，探究环境规制对工业绿色转型的影响。

在改革开放初期，我国外资企业仅有 3 家，到 2017 年末，规模以上外商及港澳台商投资工业企业已发展到 5 万家①。可见，我国制造业全面开放的格局已经形成。《中国制造 2025》战略提出要扩大制造业对外开放。党的十九大报告也强调，要主动参与和推动经济全球化进程，发展更高层次的开放型经济。大量涌入的外资解决了中国制造业在发展过程中资金短缺的问题，但是外资进入还存在"污染避难所"效应和"污染光环"效应的争议（Javorcik and Wei，2004；Ljungwall and Linde-Rahr，2005；Kirkulak and Qiu，2011；Pazienza，2015）。那么，环境规制又如何影响外资进入与工业绿色转型的关系？

① 国家统计局网站，http://www.stats.gov.cn。

为了回答上述问题，本章利用 2003～2007 年中国工业企业微观数据进行实证检验。本章的边际贡献主要有三个方面：第一，补充现有文献从宏观层面的研究，我们使用中国工业企业数据，在控制企业微观特征的影响下，探讨了环境规制与工业绿色转型之间的关系。第二，考虑到环境规制可分为费用型环境规制与投资型环境规制两大类（Böcher，2012；余淑均，2017）。为此，本章以异质性环境规制为切入点，通过构建合适的计量模型进行实证检验。第三，本章考察了不同类型环境规制与外资进入的交互效应对工业绿色转型的影响，并且通过引入环境规制滞后项，进一步探究这种交互效应是否具有持续影响。

5.1　机理分析与假说提出

广义的环境规制可归纳为经济型、劝导型、管制型、合作型四类（Howlett，Ramesh and Perl，2009；Böcher，2012；Zhu，Zou and Li，2021）。其中，经济型环境规制被学术界认为其效果更具有持续性，是环境规制未来发展的趋势。博克（Böcher，2012）又将经济型环境规制分为费用型环境规制和投资型环境规制。费用型环境规制一般通过企业缴纳排污费或者购买污染排放权等形式发挥作用，本质上增加了企业的生产成本。与之不同，投资型环境规制一般能够形成固定资产的资金投入，且具有投资的获利特征。表 5.1 总结了两类环境规制之间的主要差异。

表 5.1　　　　　　　　　两种类型环境规制之间的差异

规制类型	主要规制工具	影响时效	规制的特征	规制性质
费用型环境规制	与环境相关的税收、监管费用和行政费用等	短期（小于一年）	增加了企业的生产成本，未能形成固定资产	约束型
投资型环境规制	环境友好型技术投资，环境治理设施投资等	长期（一年以上）	不增加企业的生产成本，最终形成固定资产，具有前期投入大、风险高等特征	激励型

对于企业而言，费用型环境规制增加了企业的生产成本。从长远角度来看，为了避免排污处罚，企业会选择增加清洁技术研发投入，通过技术升级改变生产模型，满足环保要求（白俊红和聂亮，2017），从而使得企业污染排放强度下降，实现绿色转型。但是，当费用型环境规制强度超过某一临界值后，过于严格的环境规制将增加企业负担，挤占企业研发投入，不利于企业清洁技术创新，进而抑制工业企业绿色转型。

投资型环境规制能够作用于企业清洁技术的研发与创新，进而影响企业的污染排放（Popp，2010）。对于企业而言，清洁技术的研发与创新需要大量资金，具有前期投入大，风险高的特点（Orsato，2006）。但是，随着环境监管体系的不断完善，如果企业达不到环保要求可能被迫停产，造成更大的损失。为此，企业会通过清洁技术的研发与创新来达到环保要求。投资型环境规制的资金主要来自企业自筹和政府补贴。如果企业能够得到政府的资金支持，加上自身增加环境治理投资，这能够满足企业在清洁技术研发上的资金需求。因此，投资型环境规制可以改善企业生产效率，降低企业污染排放。特别对于排污较为严重的企业而言，投资型环境规制的边际贡献更为明显。但随着投资型环境规制强度增强，政府部门和企业所负担的环境治理成本加重，挤占政府财政支出和企业研发资金，进而可能造成企业生产效率下降，不利于企业绿色转型。基于此，本章提出如下研究假设：

H1：费用型环境规制和投资型环境规制与工业绿色转型之间均存在倒 U 形关系。

费用型环境规制对外资进入的影响主要体现在两个方面。第一，中国加大环境污染处罚力度，对污染型外资企业施加了额外的环境治理成本（张平等，2016）。一些污染型外资企业为了规避处罚，可能会选择退出当地市场。第二，严格的费用型环境规制提高污染型外资进入的门槛，同时也让清洁型外资凸显出竞争优势，进而优化当地工业企业外资流入的生态结构。

投资型环境规制是企业在环境领域的投资，不仅会产生经济效益，还具有环境效益。过去政府部门为了吸引外资出台了各种优惠政策，然而现在清洁的环境作为一张"绿色名片"可以吸引更多的清洁型外资企业来中国投资并开展技术研发。清洁型外资的技术溢出效应也进一步提升了国内工业企业对清洁生产技术的重视程度和研发投入力度。同时，随着环境污染治理投资的增加，环境友好型产品越来越得到消费者的青睐，企业为了满足消费者需求也会积极吸引清洁型外资，以提升自身竞争优势。可见，在两种类型环境规制的影响下，形成"清洁型外资进入—污染型外资流出"的效果，最终能够真正实现工业可持续发展（傅京燕等，2018）。据此，本章提出如下研究假设：

H2：费用型环境规制和投资型环境规制均可以在筛选外资方面发挥积极作用，从而促进工业绿色转型。

由于费用型环境规制没有形成固定资产，仅是短期影响资金投入，这种具有成本特征的环境规制并不能解决根本问题，其对外资进入污染排放效应的影响会随时间推移而消退。在投资型环境规制影响下，企业通过增加环保投资，加大绿色技术研发力度，营造出良好的投资环境，进而吸引更多的清洁型外资，最终将大大减轻环境压力。所以，投资型环境规制不仅当前有效，滞后期依然发挥作用。据此，本章提出如下研究假设：

H3：费用型环境规制仅当期能够弱化外资进入对工业绿色转型的不利影响，而投资型环境规制弱化作用具有持续影响。

5.2 模型设定、变量说明与数据来源

5.2.1 计量模型设定

为了检验不同类型环境规制对工业企业绿色转型的影响，本章在理论

分析基础上，构建如下计量模型：

$$GREEN_{ijt} = \alpha_1 ER_{ijt} + \alpha_2 ER_{ijt}^2 + \alpha_3 FDI_{ijt} + \alpha_4 X_{ijt} + \delta_i + \delta_j + \delta_t + \mu_{ijt}$$

$$(5.1)$$

进一步地，为了探究环境规制如何影响外资进入与工业绿色转型的关系，本章在模型（5.1）基础上，引入环境规制与外资进入交互项。

$$GREEN_{ijt} = \alpha_1 ER_{ijt} + \alpha_2 ER_{ijt}^2 + \alpha_3 FDI_{ijt} + \alpha_4 FDI_{ijt}$$
$$\times ER_{ijt} + \alpha_5 X_{ijt} + \delta_i + \delta_j + \delta_t + \mu_{ijt} \qquad (5.2)$$

为了检验假设 H3，本章重新改写模型（5.2）：

$$GREEN_{ijt} = \alpha_1 ER_{ijt} + \alpha_2 ER_{ijt}^2 + \alpha_3 FDI_{ijt} + \alpha_4 FDI_{ijt} \times ER_{ijt} + \alpha_5 FDI_{ijt}$$
$$\times ER_{ij,t-1} + \alpha_6 X_{ijt} + \delta_i + \delta_j + \delta_t + \mu_{ijt} \qquad (5.3)$$

其中，下标 i、j、t 分别表示行业、地区和年份。$GREEN_{ijt}$ 表示 j 地区 i 行业的工业绿色转型水平，ER_{jt} 表示 j 地区的环境规制，FDI_{ijt} 表示 j 地区 i 行业的外资进入，$FDI_{ijt} \times ER_{jt}$ 表示外资进入与环境规制的交互项，X_{ijt} 表示相应的控制变量，包括企业年龄、行业产出份额、资产负债率、生产成本、地区经济发展水平，δ_i、δ_j 和 δ_t 分别表示行业固定效应、地区固定效应和时间固定效应，μ_{ijt} 表示随机扰动项。

5.2.2 变量说明

5.2.2.1 被解释变量

工业绿色转型。本章将污染排放强度作为工业绿色转型的表征变量，并将污染排放强度取倒数处理，其数值越大，表明工业绿色转型水平越高。关于污染排放强度测算，本章借鉴孙学敏和王杰（2014）的研究构建行业层面的污染排放指标。首先，对行业 i 废水、二氧化硫、烟尘、粉尘和固体废弃物单位产值排放量进行线性标准化，然后将处理后的排放量等权平均，最后将行业 i 各污染物单位产值排放平均值求和，得出行业 i 的污染排放强度。

5.2.2.2 核心解释变量

污染治理运行费用可以反映企业为环境规制所付出的成本，并且已有研究表明，排污费的征收在很大程度上取决于污染治理运行费用（Shen et al.，2019）。基于指标完善性和数据可得性的考虑，本章使用工业行业污染治理运行费用与工业总产值比重作为费用型环境规制的代理变量。由于《中国环境年鉴》中没有关于固体废物处理的运行费用的统计，工业行业污染治理运行费用仅包括工业废水和废气治理运行费。因此，投资型环境规制采用各地区工业污染治理投资占 GDP 的比例来衡量。

5.2.2.3 控制变量

（1）外资进入，本章使用以外商资本与港澳台资本总和占实收资本的比重衡量。

（2）企业年龄，由于中国工业企业数据中未报告企业成立年份，仅给出企业开业时间。为此，本章用以下公式计算企业年龄，企业年龄 = 当年年份 – 企业开业年份 + 1。

（3）行业产出份额，使用行业 i 总产值占所有行业总产值比重来表示。

（4）资产负债率，采用行业中企业负债总额与资产总额比值衡量。

（5）生产成本，选取行业中企业平均工资水平反映生产成本。

（6）地区经济发展水平，采用各省份人均 GDP 衡量。

5.2.3 数据来源

本章使用的原始数据来自以下几个部分：污染排放强度数据来自《中国环境统计年鉴》，环境规制强度数据来自 EPS 数据平台下《中国环境数据库》，其余指标数据来自 2003 ~ 2007 年《中国工业企业数据库》。考虑到《中国工业企业数据库》存在数据异常与指标缺失等问题，我们对其进行如下处理：第一，将行业代码按照 2003 年后的标准进行统一，剔除关键性指标缺失或不符合常理的样本，如固定资产、工业总产值、职工人数、销售额等指标缺失或者为负的样本；第二，剔除小型规模企业样本，如从业人数小于 8 个人的样本；第三，剔除不符合会计准则的样本，如总资产小于固定资产净值、总资产小于流动资产以及累计折旧小于当期折旧的样本；第四，剔除所有非制造业企业样本。本章重点考察制造业企业，为此只保留行业二位代码 13~42 的数据。变量的统计性描述如表 5.2 所示。

表 5.2 变量统计性描述

变量	符号	观测值	均值	标准差	最小值	最大值
工业绿色转型	$GREEN$	20053	76.5134	76.1280	3.2792	448.0479
费用型环境规制	ER_f	20962	0.0215	0.0297	0.0002	0.1851
投资型环境规制	ER_i	20962	0.2496	0.1347	0.0321	0.5974
外资进入	FDI	20839	0.1880	0.2832	0	1
企业年龄	AGE	20646	13.6061	9.6272	1	104
行业产出份额	$OUTPUT$	20659	0.0019	0.0066	0	0.3667
资产负债率	$DEBAT$	20580	0.6005	0.2186	0	5.8684
生产成本	$WAGE$	20568	11.9923	29.3217	0.0036	4084.08
地区经济发展水平	GDP	20962	9.3751	0.5608	8.3861	10.7783

5.3 实证结果与分析

5.3.1 不同类型环境规制对工业绿色转型的影响

本章采用普通最小二乘法（OLS）进行参数估计，在估计过程中控制了行业效应、地区效应和时间效应，具体如表 5.3 所示。环境规制的估计结果显示，无论费用型环境规制还是投资型环境规制，一次项的估计系数均显著为正，二次项的估计系数均显著为负，表明这两种类型环境规制与工业绿色转型之间存在非线性关系，并且呈倒 U 形演变规律，这也与假设 H1 的推断吻合。对于费用型环境规制而言，在费用型环境规制强度较低的情况下，"倒逼减排"效应发挥主导作用，企业通过技术研发，改进生产工艺，最终降低企业污染排放。当费用型环境规制强度超过临界值后，"遵循成本"效应发挥主导作用，企业面对高额的处罚，会缩减清洁技术研发投入，进而不利于工业企业绿色转型。对于投资型环境规制而言，随着环境投资的增加，清洁技术研发成功后，投资型环境规制的减排作用逐渐发挥出来。但投资型环境规制强度过大，也会增加政府部门和企业的负担，挤占政府财政支出和企业研发资金，进而不利于工业企业绿色转型。

表 5.3 基准估计结果

变量	ER_f			ER_i		
	（1）	（2）	（3）	（4）	（5）	（6）
ER_f	0.0620 *** (0.0142)	0.0567 *** (0.0151)	0.0452 *** (0.0151)			
ER_f^2	−0.0296 *** (1.0060)	−0.0280 *** (0.0056)	−0.0221 *** (0.0056)			
$FDI \times ER_f$		0.0223 ** (0.0090)	−0.0081 (0.0363)			
$FDI \times L.ER_f$			0.0343 (0.0452)			
ER_i				47.0962 *** (3.2846)	43.7543 *** (3.2411)	52.2850 *** (1.9448)
ER_i^2				−1101.667 ** (482.4045)	−1343.518 *** (449.823)	−2671.044 *** (379.0879)

续表

变量	ER_f			ER_i		
	（1）	（2）	（3）	（4）	（5）	（6）
$FDI \times ER_i$					19.8935 *** （1.9142）	6.4670 *** （1.6744）
$FDI \times L. ER_i$						29.4522 *** （1.1607）
FDI		− 0.0038 （0.0044）	− 0.0020 （0.0038）		− 0.0546 *** （0.0070）	− 0.0973 *** （0.0072）
常数项	Y	Y	Y	Y	Y	Y
行业	Y	Y	Y	Y	Y	Y
地区	Y	Y	Y	Y	Y	Y
时间	Y	Y	Y	Y	Y	Y
样本数	18994	18994	14617	18994	18994	14617

注： * 、 ** 、 *** 分别代表在10%、5%、1%的显著性水平下通过检验；括号内为标准差。

从表5.3的结果还可以发现，外资进入的估计系数均为负，表明外资进入在一定程度上会增加企业污染排放，不利于工业绿色转型。外资进入主要通过规模效应、结构效应和技术效应对环境质量产生影响（Grossman and Kruger，1995）。具体而言，规模效应是指外资进入我国后，形成新的生产力，进而加快了制造业扩张。那么，在单位产出污染排放强度一定的条件下，产出增加必然导致制造业污染排放增加。结构效应是指随着我国产业结构升级，工业化进程加速推进，多数外资也流进制造业，从而促进了制造业快速发展。但是，中国制造业的能耗和污染排放水平相对较高。因此，外资进入对环境质量改善产生负的结构效应。再来看技术效应，外资进入我国，在促进经济增长的同时，还会产生技术溢出，从而加快本国技术进步。但这些技术进步更多偏向资本，也就是说，外资进入的技术效应依然存在污染的风险（姚毓春等，2014）。中国作为发展中国家，通过引进大量外资促进经济增长，但是由于我国在环境保护方面的管制与立法强度与发达国家相比较弱，进而增加了发达国家将高污染产业转移到我国的风险，使得中国的环境问题日趋严重。

从表5.3中列（2）和列（5）可以发现，无论是费用型环境规制与外资进入交互项的估计结果，还是投资型环境规制与外资进入交互项的估计结果，均显著为正，这说明加收排污费或者增加环境投资都可以缓解由外资进入而导致的企业污染排放增加的问题。这可能是因为费用型环境规制在一定程度上增加了污染型外资进入的成本，进而阻止污染型外资进入，而投资型环境规制可以吸引清洁型外资。也就是说环境规制起到了筛选外资的作用，降低了由外资进入增加导致的环境压力。我们还可以发现，投资型环境规制与外资进入交互项系数绝对值要大于费用型环境规制与外资进入交互项系数绝对值，表明投资型环境规制减缓由外资进入导致污染问题的效果更明显。

费用型环境规制与外资进入一阶滞后项的交互项的估计系数为正，但是未能通过显著性检验，表明费用型环境规制对外资进入的污染排放效应不存在滞后影响。究其原因可能有以下两个方面：第一，通过对排污超标的企业增收排污费，短期内可以起到立竿见影的效果，因为企业为规避处罚，会减少引进污染型外资；第二，费用型环境规制主要是通过增加企业的排污成本，来影响企业的生产行为。但是长期来看，与企业高额利润相比，费用型环境规制带来的成本上升可能微不足道，也就不会对企业形成倒逼机制。投资型环境规制与外资进入一阶滞后项的交互项的估计系数显著为正，说明投资型环境规制对外资进入的污染排放效应存在滞后影响。一个可能的解释是，随着投资型环境规制不断完善，环保投资力度不断增强，从长期来看，将吸引大量清洁型的外资进入，再加上外资进入带来的技术溢出效应会提升本土企业技术创新水平，从而有效抑制企业污染排放，促进工业绿色转型。

5.3.2 不同类型环境规制对工业绿色转型影响的稳健性检验

为了确保上述研究结论的有效性和可靠性，本章对主要回归结果进行稳健性检验。由于各行业之间存在差异，可能存在一些样本数据偏离整体均值的问题，这种异常值会对估计结果产生一定影响。为了避免异常值对参数估计结果准确性的干扰，同时尽量避免样本损失，本章对全部样本进行双边 1% 的缩尾处理，处理后的估计结果如表 5.4 所示。通过稳健性检验可以看出，核心解释变量与控制变量的估计结果与前文完全一致，这也进一步表明本章主要研究结论具有较好的稳健性。

表 5.4　　　　　　　　　　　　稳健性检验结果

变量	ER_f			ER_i		
	（1）	（2）	（3）	（4）	（5）	（6）
ER_f	0.0580 *** （0.0143）	0.0520 *** （0.0149）	0.0408 ** （0.0148）			
ER_f^2	− 0.0293 *** （0.0052）	− 0.0275 *** （0.0053）	− 0.0227 *** （0.0053）			
$FDI \times ER_f$		0.0238 *** （0.0084）	− 0.0048 （0.0375）			
$FDI \times L. ER_f$			0.0310 （0.0458）			
ER_i				51.9054 *** （3.5769）	48.3744 *** （3.4995）	59.4619 *** （2.2827）
ER_i^2				− 1774.544 *** （527.464）	− 2042.849 *** （492.8798）	− 3717.527 *** （402.3787）
$FDI \times ER_i$					20.7393 *** （1.9831）	7.4532 *** （1.6240）
$FDI \times L. ER_i$						30.4719 *** （1.0616）
常数项	Y	Y	Y	Y	Y	Y
行业	Y	Y	Y	Y	Y	Y
地区	Y	Y	Y	Y	Y	Y
时间	Y	Y	Y	Y	Y	Y
样本数	17818	17818	13879	17818	17818	13879

注：*、**、*** 分别代表在 10%、5%、1% 的显著性水平下通过检验；括号内为标准差。

5.3.3 不同类型环境规制对工业绿色转型影响的异质性分析

前文的回归主要考察了异质性环境规制与工业绿色转型之间的关系，以及异质性环境规制与外资进入交互效应对工业绿色转型的影响，但未区分行业要素密集度的异质性。因此，本章在基准回归基础上，采用分样本检验的方式进行考查。本章依据阳立高等（2014）对制造业行业划分结果，将样本分为劳动密集型行业、资本密集型行业和技术密集型行业三类，具体检验结果如表5.5所示。

表5.5 　　　　　　　　　　　　行业异质性检验结果

变量	劳动密集型行业		资本密集型行业		技术密集型行业	
	（1）	（2）	（3）	（4）	（5）	（6）
ER_f	84.1394 *** (11.3478)		0.0422 ** (0.0175)		262.0984 *** (46.8558)	
ER_f^2	−75.5543 *** (10.2479)		−0.0190 ** (0.0064)		−924.9391 ** (218.0749)	
$FDI \times ER_f$	−2.2387 (1.6490)		0.0127 *** (0.0028)		−21.5367 (12.1486)	
ER_i		41.0438 *** (4.0872)		40.7603 *** (2.6365)		33.4621 *** (6.5823)
ER_i^2		−1255.317 * (711.8001)		−1876.465 *** (332.0075)		50.5029 (755.6094)
$FDI \times ER_i$		23.9551 *** (2.7260)		11.0952 *** (1.7246)		20.1624 *** (3.3686)
常数项	Y	Y	Y	Y	Y	Y
行业	Y	Y	Y	Y	Y	Y
地区	Y	Y	Y	Y	Y	Y
时间	Y	Y	Y	Y	Y	Y
样本数	8188	8188	5750	5750	5056	5056

注：*、**、***分别代表在10%、5%、1%的显著性水平下通过检验；括号内为标准差。

表 5.5 中估计结果显示，费用型环境规制与投资型环境规制在不同类型行业中均呈现出倒 U 形特征。$FDI \times ER_j$ 的估计结果仅在资本密集型行业通过显著性检验。这意味着费用型环境规制只能抑制资本密集型行业外资进入的污染排放效应。严格的费用型环境规制使得资本密集型行业的企业支付高额的污染成本。为了规避处罚，行业内企业会采用先进的节能减排设备和使用清洁生产技术。另外，在环境监管压力下，行业内的企业在吸引外资时也会有所选择，更多地引进清洁型外资，减少对发达国家污染转移的承接。$FDI \times ER_j$ 的估计系数均显著为正，说明各行业中投资型环境规制外资进入导致的污染排放均有改善作用。

5.4 本章小结

为了从微观企业视角考察环境规制与工业绿色转型之间的关系，本章使用中国工业企业数据，在控制企业微观特征的影响下，检验了环境规制对工业绿色转型的作用效果。在控制了行业固定效应、时间固定效应和地区固定效应后，费用型环境规制和投资型环境规制与工业绿色转型之间均存在非线性关系，并且这种非线性关系呈倒 U 形演变。本章还检验了不同类型环境规制与外资进入的交互效应对工业绿色转型的影响，结果表明费用型环境规制只有在当期可以抑制外资进入对工业绿色转型的不利影响，而投资型环境规制不仅当期有效，滞后期依然可以发挥抑制作用。此外，本章还从行业异质层面进行检验，结果发现不同行业中两种类型环境规制与工业绿色转型之间仍存在倒 U 形关系。费用型环境规制仅能够改善资本密集型行业中外资进入对工业绿色转型的不利影响，而投资型环境规制在不同行业均能抑制外资进入对工业绿色转型的不利影响。

第6章
清洁技术偏向对工业绿色转型影响的实证分析

工业化极大地丰富了物质财富，但同时也加剧了生态环境的恶化，造成大气污染、土地污染、水污染等严重的环境问题，影响人类生活质量甚至危及人类生存。20世纪中后期，美国、日本以及欧盟等部分发达国家意图通过"去工业化"战略应对工业化带来的危害，却导致其制造业发展停滞，实体产业空心化，并间接引发了21世纪初的美国次贷危机和欧盟债务危机。危机过后，美国等发达国家开始重新审视实体经济与虚拟经济的关系，着力推动"再工业化"战略，以重塑具有强大竞争力的新工业体系。中国自"一五"计划至今，为实现工业化奋斗70多年，缔造了伟大的中国工业革命（文一，2017）。现阶段我国已经进入工业化后期（黄群慧，2017），成为世界第一"工业大国"，但是与20世纪中后期部分发达国家相似，当前中国工业领域同样出现资源浪费、环境恶化、结构失衡等问题（中国社会科学院工业经济研究所课题组，2011），严重阻碍了经济可持续发展。"十四五"工业绿色发展规划指出，积极推行清洁生产改造，提升绿色低碳技术、绿色产品与服务的供给能力，构建工业绿色低碳转型与工业赋能绿色发展相互促进、深度融合的现代化产业格局。这充分表明，实现我国工业可持续发展的途径绝不能盲目沿袭美国早期的"去工业化"战略，而应通过绿色转型实现工业"由大转强"。

"绿色经济"一词首次出现在英国环境经济学家皮尔斯 1989 年出版的《绿色经济蓝图》一书中。此后，以"经济增长能够抵消环境与社会损失"为主旨的"弱可持续发展"观点迅速地在西方发达国家之间形成共识。近年来，伴随绿色经济与绿色发展理念的深入，关于工业绿色转型的研究受到学界广泛重视。从其内涵来看，绿色转型是工业迈向"能源资源利用集约、污染物排放减少、环境影响降低、劳动生产率提高、可持续发展能力增强"的过程（中国社会科学院工业经济研究所课题组，2011）。同时，工业绿色转型需要以理念、技术与制度的全方位创新为支撑。陈诗一（2010b）指出，中国工业绿色转型的本质就是通过技术创新的方式促使工业绿色全要素生产率持续改善。然而，在环境承载力已经达到或接近极限的情况下，传统技术进步只会加快环境退化速度（Usman and Hammar，2020），其提高工业绿色全要素生产率的边际效益骤降，清洁技术进步才是实现中国工业绿色转型的核心动力（岳鸿飞等，2017）。为此，在我国工业绿色转型的攻坚阶段，探讨清洁技术偏向对工业绿色转型的影响效果的区域差异以及二者之间是否存在复杂的非线性关系不仅具有一定理论价值，同时也具有重要的现实意义。

基于中国工业发展的现实问题，本章试图以 2004～2017 年中国省级面板数据为基础，就清洁技术偏向对工业绿色全要素生产率影响的区域差异与二者之间的非线性特征进行深入讨论，并进一步考察不同地区清洁技术偏向对工业绿色全要素生产率非线性影响的异质性，为加快实现中国工业绿色转型提供经验证据。本章的边际贡献在于：首先，基于区域异质性视角，实证检验了清洁技术偏向与工业绿色转型之间演变的内在规律；其次，摒弃传统的非线性回归方法，采用面板平滑迁移模型检验清洁技术偏向对工业绿色转型的门限效应；最后，考虑到不同区域的环境规制强度差异明显，本章进一步考察了清洁技术偏向与工业绿色转型之间非线性特征的区域差异。

6.1 机理分析与假说提出

中国幅员辽阔，东、中、西部地区经济基础、人力资本水平、科技力量以及环境政策等方面相差较大，因此各地区工业技术创新资源配置存在明显差异。这也就使得区域间技术创新积累速度有所差别，导致区域清洁技术偏向表现出不平衡特征，从而影响了清洁技术创新对地区工业绿色转型的效果。由于东部地区经济发展处于领先地位，能够协调好工业发展与环境之间的关系。同时，东部地区的企业环保意识较强，加之企业间激烈的竞争，也使得企业更加注重清洁技术创新，形成良好的清洁技术创新生态，进而对本地区工业绿色转型产生正向影响（陈宇科等，2022）。对于中、西部地区而言，首先，传统工业及资源消耗型工业偏重，其资源禀赋和产业结构特征导致其更容易采用非清洁技术，使其工业绿色转型步伐相对缓慢。其次，中、西部地区环境监管较为宽松，并且承接了东部地区的污染产业。这使得中、西部地区技术进步偏向于清洁方向程度相对较弱，不利于工业绿色转型。最后，中、西部地区的企业面临的排污处罚将会挤压研发资金，增加企业的运营成本，使得环境规制对清洁技术创新的挤出效应大于激励效应，进而抑制了企业的清洁技术创新（Kneller and Manderson，2012）。此外，经济发展水平相对落后的中西部地区，人们对环境质量要求不高，也使得该地区清洁技术创新动力不足，非清洁技术创新占据较大比重。已有研究表明清洁技术往往在非清洁技术占优的环境中难以发挥其作用效果，只有在清洁技术占优的环境中才能更好地促进工业绿色转型（董直庆和王辉，2018；Dong et al.，2020）。据此，提出如下研究假设：

H1：清洁技术偏向对工业绿色转型的影响存在区域差异。

技术创新通常表现为"过程创新"和"产品创新"。来自中国的经验证据表明,产品创新显著推动了重工业发展(龚轶等,2015)。在工业化发展的初期阶段,企业为了追求利润最大化,往往选择了非清洁技术,进而使得环境污染问题不断凸显(Usman and Jahanger,2022)。同时,由于政府环境监管力度不够,也进一步造成工业化速度与资源环境承载力不平衡,绿色经济发展不充分。由于传统技术创新未能兼顾经济增长和环境质量的相容发展,不能很好地满足可持续发展的要求。对此,我国要想实现工业绿色转型,必须转变技术进步方向,使得技术进步向清洁化方向发展。这不仅因为清洁技术创新能够提高企业核心竞争力,也使得清洁产出能够在国际"绿色壁垒"中占得先机,从而在国际竞争中获得更大利益。而且,清洁技术创新能够有效应对当前环境污染问题。无论是末端治理还是源头控制的技术创新,都有利于控制高污染、高耗能工业企业的污染排放。但是,企业作为技术创新的微观主体,其清洁技术创新选择会受到环境规制的影响。具体而言,当环境规制强度较弱时,企业面临较低的污染治理成本压力。一方面,企业的研发行为更倾向于"策略性创新",利用较少的研发投入获得低质量的清洁技术创新,仅仅在表面上做到了兼顾环境效益;另一方面,企业选择在末端治理方面进行清洁技术创新,提高企业末端治理的能力,即使企业扩大生产规模,也不会因污染排放受到惩罚。因此,在低强度环境规制下,企业不会因为较低的污染治理成本,增加研发投入以追求高质量的清洁技术创新,而仅仅是为了满足政策目标的策略性行为,或者是为将来扩大生产规模的提前准备。因而,在环境规制强度较低的情况下,清洁技术创新占比较低,进而难以真正地推动工业绿色转型。当环境规制较为严格时,企业面临的环境压力较大,低质量的清洁技术创新难以维持企业可持续发展。此外,末端治理技术创新也要付出较高的研发成本,况且不利于企业竞争力的提高。因此,高强度的环境规制会迫使企业研发高质量、源头控制的清洁技术创新,使得清洁技术创新占比提升,从而推动工业绿色转型。据此,提出如下研究假设:

H2:清洁技术偏向对工业绿色转型影响存在环境规制的门限效应。

6.2 模型设定、变量说明与数据来源

6.2.1 模型设定

6.2.1.1 面板 Tobit 模型

鉴于本章测算的工业绿色全要素生产率指标均大于 0，具有截尾性质。如果采用普通最小二乘法进行参数估计，将会导致估计结果存在偏误（金翼鑫等，2020）。为此，本章构建面板 Tobit 模型考察清洁技术偏向对工业绿色转型影响效果的区域差异。具体模型设定如下：

$$GTFP_{it} = \beta_0 + \beta_1 CT_{it} + \beta_2 Control_{it} + \varepsilon_{it} \qquad (6.1)$$

其中，i 和 t 分别代表地区和年份；$GTFP$ 代表工业绿色转型；CT 表示清洁技术偏向；$Control$ 代表一系列控制变量，具体包括环境规制、环境规制的平方项、经济增长、产业结构、政府支出水平、城市化水平。ε 代表随机干扰项。

6.2.1.2 面板平滑迁移模型

（1）面板平滑转换模型介绍。

对于检验变量之间非线性关系是否依赖于某一个变量（门限变量），最原始的方法是人为主观地确定门限值，然后根据门限值将样本分为两组或者多组，最后对每组样本进行参数估计。可是这种做法不仅在门限值选取上具有很大的随机性，而且也没有对门限值进行参数估计和显著性检验，存在着严重缺陷，得到的估计结果也不具有稳健性。汉森（Hansen，1999）借助严格的统计推断方法对门限值进行假设检验与参数估计，提出面板门

限回归（PTR）模型，很好地克服了上述方法存在的缺陷。单门限模型形式可简洁地表示为：

$$y_{it} = \alpha_i + \beta' x_{it} \times I(q_{it} < \gamma) + \beta' x_{it} \times I(q_{it} \geq \gamma) + \varepsilon_{it} \qquad (6.2)$$

其中，$I(\cdot)$ 代表指示性函数，当括号内条件表达式成立时，取值为 1，反之取值为 0。如果存在多个门限值，可在上式基础上进行扩展。然而，大多经济环境下两种区制之间的转换是一个渐进的变化过程，汉森（Hansen，1999）提出的门限回归模型，在门限值两侧转换是跳跃式的，无法实现平滑转换。冈萨雷斯等（González，Teräsvirta and Dijk，2005）通过放松面板门限回归模型中的一些限制条件，并引入一个连续变化的转换函数，提出 PSTR 模型，从而实现模型在高、低两种区制之间平滑变换，避免 PTR 模型中的突变现象，使面板门限回归模型更加一般化。

（2）面板平滑转换模型构建。

理论分析表明，清洁技术偏向与工业绿色转型之间关系的演变受环境规制影响，表现出门限特征。本章构建 PSTR 模型，检验在不同环境规制强度下，清洁技术方向对工业绿色转型的作用效果变动情况。具体模型设定如下：

$$GTFP_{it} = \beta_{00} + \beta_{01} CT_{it} + \beta_{02} X_{it} + \sum_{z=1}^{r} (\beta_{r1} CT_{it} + \beta_{r2} X_{it})$$
$$\times g(ER_{it}; \gamma^{(r)}, c^{(r)}) + \varepsilon_{it} \qquad (6.3)$$

其中，$g(ER_{it}; \gamma, c)$ 是以环境规制为转换变量的连续型转换函数，其取值介于 $0 \sim 1$ 之间；r 为转换函数个数；X 表示相应的控制变量。

参考冈萨雷斯等（González，Teräsvirta and Dijk，2005）的研究，将转换函数设定为 Logistic 函数，具体形式如下：

$$g(ER_{it}; \gamma, c) = \left\{ 1 + \exp\left[-\gamma \prod_{j=1}^{m} (ER_{it} - c_j) \right] \right\}^{-1} \qquad (6.4)$$

其中，c 表示位置参数，且 $c_1 \leq c_2$，$\cdots$，$\leq c_m$；m 表示位置参数维度，一般取值 1 或 2；γ 表示平滑参数，其值的大小决定转化函数在不同区制之间的转换速度。

关于 PSTR 模型的非线性检验，本章采用 LM、LMF 和 LRT 统计量对原假设 H_0：$r=0$ 以及备择假设 H_1：$r=1$ 进行检验。如果拒绝原假设，则表明清洁技术偏向对工业绿色转型存在非线性影响。为此，需要进一步检验非线性转型函数的个数。关于转换函数中位置参数维度的确定。本章选择赤池信息准则（AIC）和贝叶斯信息准则（BIC）进行判别。最小的 AIC 和 BIC 组合便是最优模型。

6.2.2 变量说明

6.2.2.1 被解释变量

工业绿色转型（*GTFP*），采用工业绿色全要素生产率衡量。托恩（Tone，2003）定义的 SBM 方向性距离函数不需要考虑径向和角度的选择，能够充分考虑投入和产出的松弛性，同时解决了非期望产出下的效率问题。但 SBM 模型测度的效率只能刻画各个生产单元与生产边界的相对关系。为此，本章利用前文介绍的方法测算工业绿色转型水平。

6.2.2.2 核心解释变量

清洁技术偏向（*CT*），参考王林辉等（2020）的方法，选择地区绿色发明专利和绿色实用新型专利授权量的总和与全部专利授权量的比值表示。原因在于：第一，专利授权量相比专利申请量，更能够反映地区的技术创新能力（张杰等，2016）；第二，相对于单纯的绿色专利数量，绿色专利与全部专利的比值不仅能够反映清洁技术创新水平，还可以反映创新偏向清洁技术的程度（王班班和赵程，2019）。

6.2.2.3 控制变量

（1）环境规制水平（*ER*），借鉴郭然和原毅军（2020）的做法，选取工业固体废物综合利用率、工业废气的治理设施运行费与其排放量比值、工业废水的治理设施运行费与其排放量比值，运用熵值法测算得到综合的环境规制水平。

（2）经济增长水平（GDPR），采用国内生产总值的增长率衡量。

（3）产业结构（STR），选择第三产业产值占国内生产总值的比值来衡量。

（4）政府支出水平（GOV），选用政府一般公共预算支出占地区 GDP 比重来表示。

（5）城市化水平（URB），使用各地区城镇人口与其年末总人口之比作为代理变量。

6.2.3 数据来源

鉴于数据的一致性和连贯性，本章选用了 2004～2017 年剔除西藏后的中国省级面板数据。此外，涉及市场价值的数据，均运用相关价格指数平减至基期 2004 年。其中，省级的专利数据来自中华人民共和国国家知识产权局，其他数据来自《中国统计年鉴》《中国工业经济统计年鉴》《中国能源统计年鉴》，以及 EPS 数据平台。变量描述性统计如表 6.1 所示。

表 6.1　　　　　　　　　　　变量的描述性统计

变量	符号	观测值	均值	标准差	最小值	最大值
工业绿色转型	GTFP	420	1.764	0.808	0.700	7.252
环境规制水平	ER	420	1.994	0.518	0.220	4.004
清洁技术偏向	CT	420	0.065	0.022	0.022	0.136
经济增长水平	GDPR	420	1.736	1.093	0.422	5.917
产业结构	STR	420	0.420	0.089	0.286	0.806
政府支出水平	GOV	420	0.212	0.095	0.079	0.627
城市化水平	URB	420	0.523	0.141	0.263	0.896

6.3 实证结果与分析

6.3.1 清洁技术偏向对工业绿色转型影响的区域差异

表6.2报告了清洁技术偏向对工业绿色转型的全样本估计结果。列（1）至列（3）逐步增加环境规制、环境规制平方项和其他控制变量，可以发现，清洁技术偏向的估计系数均显著为正。结果表明，从整体层面看，技术进步朝清洁方向转变1个单位，工业绿色全要素生产率将提升6.912个单位，也就是说清洁技术进步能够有效促进工业绿色转型。对于控制变量，环境规制一次项系数显著为正，二次项系数显著为负，表明环境规制与工业绿色转型之间呈倒U形关系，政府支出水平和城市化水平的提高有利于推动工业绿色转型，产业结构和经济增长对工业绿色转型的影响效果不显著。

表 6.2   **Tobit 模型估计结果**

变量	（1）	（2）	（3）
CT	12.28 *** (1.705)	9.942 *** (1.669)	6.912 *** (1.905)
ER		1.215 *** (0.307)	0.880 *** (0.309)
ER2		−0.203 *** (0.0754)	−0.160 ** (0.0741)
STR			−0.869 (0.628)
GOV			1.595 *** (0.429)

续表

变量	（1）	（2）	（3）
URB			1.418 *** （0.393）
GDPR			−1.682 （1.454）
常数项	0.962 *** （0.117）	−0.446 （0.316）	−0.290 （0.454）
样本数	420	420	420

注：* 、** 、*** 分别表示在 10% 、5% 、1% 水平上显著；括号内为标准差。

表 6.3 中列（1）、列（2）和列（3）分别为东部、中部和西部地区分样本估计结果。其中，关于东部、中部和西部地区的划分参照中国国家统计局对区域的划分标准。[①] 从表 6.3 估计结果可以看出，东部地区清洁技术偏向的系数为 7.800，并在 10% 的显著性水平下通过检验，但对于中部、西部地区而言，清洁技术偏向的估计的系数为负且不显著。这表明清洁技术创新仅对东部地区的工业绿色转型起到显著促进作用，这可能是以下三个方面的原因造成的。第一，地方政府间的长期竞争，使得生产要素、商品以及技术等方面都存在地区间的交流障碍，加之区域倾斜政策，就导致了技术存量的地区不平衡发展，呈现出东高西低的特征。东部地区清洁技术存量较高，因此清洁技术创新有效地促进了东部地区工业绿色转型；但中部、西部地区清洁技术存量较低，表现为对工业绿色转型没有明显作用。第二，随着东部地区经济的快速发展，政府部门意识到环境保护的重要性，人们对环境质量的要求越来越高。同时，企业的生产理念也发生转变，逐

---

① 东部地区：北京、天津、河北、辽宁、上海、江苏、浙江、福建、山东、广东、海南。中部地区：山西、吉林、黑龙江、安徽、江西、河南、湖北、湖南。西部地区：内蒙古自治区、广西壮族自治区、重庆、四川、贵州、云南、陕西、甘肃、青海、宁夏、新疆维吾尔自治区（本章研究样本不包含西藏自治区和我国港澳台地区）。

渐采用清洁的生产方式，并且会主动加大对清洁技术的研发力度，以提升自身竞争优势，扩大市场份额。第三，东部地区施加严格的环境管制，使得该地区的污染产业向环境管制较弱的中部、西部地区转移，给中部、西部地区带来负的环境外部性。宽松的环境规制不能很好地激励中部、西部地区企业进行清洁技术创新，进而无法满足这些地区工业绿色转型的需要。

表 6.3　　　　　清洁技术偏向对工业绿色转型影响的区域差异结果

变量	（1）	（2）	（3）
CT	7.800 * (3.952)	− 0.538 (4.398)	− 2.739 (4.172)
ER	1.345 *** (0.460)	2.085 *** (0.458)	0.800 ** (0.395)
ER2	− 0.239 * (0.128)	− 0.412 *** (0.0880)	− 0.134 (0.0840)
STR	0.568 (1.401)	− 3.535 * (1.999)	− 1.807 (2.314)
GOV	4.822 *** (1.666)	− 4.499 (3.444)	0.690 (0.888)
URB	− 0.447 (0.986)	5.353 *** (1.372)	4.154 ** (1.862)
GDPR	− 2.998 (4.105)	− 1.889 (2.121)	− 1.054 (3.217)
常数项	− 0.861 (0.662)	− 0.796 (0.828)	− 0.185 (1.287)
样本数	154	112	154

注：＊、＊＊、＊＊＊分别表示在10%、5%、1%水平上显著；括号内为标准差。

综上表明，清洁技术创新与工业绿色全要素生产率之间存在显著的正相关关系。但分地区来看，只有东部地区清洁技术创新对工业绿色全要素生产率表现出显著的促进作用。区域间的技术禀赋和环境规制强度存在差异（许恒等，2020；Qiu，Wang and Geng，2021），进而使得不同地区的清洁技术创新质量呈现出明显不同。由于只有在清洁技术占优的环境中，清洁技术创新才能更好发挥促进工业绿色全要素生产率的作用（董直庆和王辉，2018）。这也就使得清洁技术创新对工业绿色全要素生产率的影响存在显著的区域差异。

6.3.2 清洁技术偏向与工业绿色转型非线性关系检验

6.3.2.1 模型检验

首先，我们需要对清洁技术偏向与工业绿色转型之间是否存在非线性特征进行识别。如果二者存在非线性关系，需要进一步确定转换函数的个数和位置参数。表6.4报告了以环境规制作为转换变量，$m=1$ 和 $m=2$ 时，PSTR模型线性与非线性残余检验结果。

表 6.4 线性与非线性残余检验结果

原假设与备择假设	$m=1$			$m=2$		
	LM	LMF	LRT	LM	LMF	LRT
线性检验（$H_0: r=0$；$H_1: r=1$）	15.631 (0.016)	2.474 (0.023)	15.929 (0.000)	21.645 (0.042)	1.712 (0.062)	22.222 (0.000)
一个转换函数（$H_0: r=1$；$H_1: r=2$）	8.024 (0.236)	1.208 (0.302)	8.101 (0.231)	8.071 (0.780)	0.598 (0.844)	8.149 (0.773)
AIC	−0.890			−0.890		
BIC	−0.753			−0.751		

注：括号内为 P 值，m 表示位置参数维度。

由表6.4检验结果可知，不同位置参数下，LM、LMF和LRT统计量均显著地拒绝了清洁技术创新与工业绿色转型之间为线性关系的原假设，这也表明二者之间存在非线性特征。对此，需要对PSTR模型进行非线性残余检验，LM、LMF和LRT统计量均接受存在单一转换函数的原假设。这说明清洁技术偏向对工业绿色转型的影响存在环境规制的单一门限效应。AIC和BIC的检验结果表明，AIC的值在$m=1$和$m=2$时相同，而$m=1$时BIC的值小于$m=2$时BIC的值。据此，我们可以判断出PSTR模型的非线性转换函数个数为1，位置参数维度也为1。

6.3.2.2　PSTR估计结果分析

本章采用非线性最小二乘估计方法对PSTR模型进行参数估计，回归结果如表6.5所示。由表6.5估计结果可知，位置参数的取值为1.929，意味着门限值为1.929。其中，环境规制小于门限值的样本占全部样本比重为39.3%，这说明大部分样本已经越过门限值进入高区制。平滑参数的取值为11.999，表明模型在低区制与高区制之间实现了平滑转换。当$g(ER_{it};\gamma,c)\to 0$时，PSTR模型处于低区制，清洁技术偏向对工业绿色转型的影响系数为β_{01}；当$g(ER_{it};\gamma,c)\to\infty$时，PSTR模型位于高区制，清洁技术偏向对工业绿色转型的影响系数为$\beta_{01}+\beta_{11}$；当$ER_{it}=c$时，$g(ER_{it};\gamma,c)=0.5$，清洁技术偏向对工业绿色转型的影响系数为$\beta_{01}+0.5\times\beta_{11}$。

表6.5　　　　　　　　　　　　PSTR模型估计结果

变量	线性部分		非线性部分	
	估计系数	t统计量	估计系数	t统计量
CT	-0.999 (1.504)	-0.664	10.710 *** (3.449)	3.105
ER	0.091 (0.099)	0.914	-0.535 *** (0.151)	-3.542

变量	线性部分		非线性部分	
	估计系数	t 统计量	估计系数	t 统计量
STR	-1.722 * (1.021)	-1.687	2.331 (1.469)	1.586
GOV	1.312 *** (0.407)	3.220	-2.627 *** (0.997)	-2.634
URB	0.472 (0.416)	1.135	0.116 (0.713)	0.162
GDPR	5.522 *** (1.542)	3.580	0.820 *** (2.066)	0.397
平滑参数	$\gamma = 11.999$			
位置参数	$c = 1.929$			

注: * 、 ** 、 *** 分别表示在10%、5%、1%水平上显著；括号内为标准差。

从表6.5可以发现，当环境规制水平低于1.929，清洁技术创新对工业绿色转型的影响系数为 -0.999，但并未通过显著性检验，说明在环境规制水平较低时，清洁技术方向对工业绿色转型的作用效果未能显现。当环境规制强度达到门限值时，清洁技术偏向对工业绿色转型的影响系数由负转正（ -0.999 + 0.5 × 10.710 = 4.356）。当环境规制强度大于1.929时，清洁技术偏向对工业绿色转型的影响系数最终稳定为9.711（ -0.999 + 10.710），且在1%的水平下显著，这说明当环境规制越过门限值后，随着环境规制强度的提升，清洁技术进步对工业绿色转型的促进作用逐渐增强。这可能是因为，在环境规制强度较低的情况下，企业的清洁技术研发行为更倾向于策略性创新和末端治理创新，这种创新仅仅能够促进单一经济效益或单一环境效益增长，无法真正推动工业绿色转型；而当环境规制强度逐渐增强，策略性创新以及末端治理创新无法应对高额的污染治理投入，因此会选择源头控制的、高质量的清洁技术创新，提高生产过程中的清洁水平，从而有效推动工业绿色转型。综上分析，清洁技术创新对工业绿色转型的作用效果存在环境规制水平的门限效应，随着环境规制水平不断提高，清洁技术创新推动工业绿色转型的作用效果逐渐增强。此外，结合表6.5平滑参数的估计结果和图6.1转换函数图可知，转换函数实现了渐进变化，说明清洁技术偏向创新对产业绿色转型和绿色全要素生产率的影响系数实现了区域间的平稳转化。

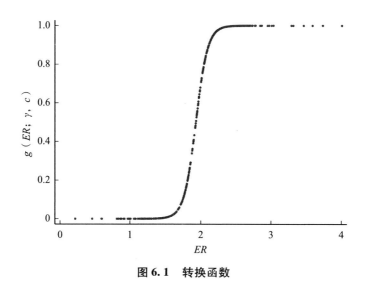

图6.1 转换函数

6.3.3 清洁技术偏向与工业绿色转型非线性关系的稳健性检验

上述实证结果表明，随着地区环境规制强度的提升，清洁技术偏向对工业绿色转型的作用效果会发生显著变化。考虑到清洁技术偏向与工业绿色转型之间可能并不是简单的单向因果关系，工业绿色转型也会通过内部技术溢出效应正反馈于清洁技术创新。这种双向因果关系引发的内生性问题可能会导致估计结果偏误。对此，本章参考龚锋等（2019）的思路，将转换变量与所有的解释变量均替换为滞后一期值，然后重新估计 PSTR 模型，表 6.6 报告了滞后一期 PSTR 模型估计结果。从表 6.6 可以发现，清洁技术偏向估计系数的符号和显著性与表 6.5 完全相同，其他控制变量的估计结果也与表 6.5 高度一致。这表明，在处理内生性后，本章核心结论依然稳健。

表 6.6　　　　　　　　　　　滞后一期 PSTR 模型估计结果

变量	线性部分		非线性部分	
	估计系数	t 统计量	估计系数	t 统计量
CT	−0.888 (1.679)	−0.529	10.578 *** (3.428)	3.086
ER	0.117 (0.148)	0.792	−0.544 *** (0.179)	−3.042
STR	−2.144 * (1.134)	−1.890	2.601 * (1.514)	1.718
GOV	1.440 *** (0.470)	3.066	−2.540 ** (1.040)	−2.444
URB	0.702 (0.518)	1.356	0.113 (0.747)	0.152
GDPR	5.730 *** (1.806)	3.172	−0.106 (2.103)	−0.050
平滑参数	$\gamma = 11.655$			
位置参数	$c = 1.898$			

注：* 、** 、*** 分别表示在 10%、5%、1% 水平上显著；括号内为标准差。

6.3.4　清洁技术偏向与工业绿色转型非线性关系的区域异质性

由于不同区域环境规制强度存在显著差异，进而可能导致清洁技术偏向对工业绿色转型的影响效果存在不同，图 6.2 展示了东部、中部和西部地区环境规制强度均值的变动趋势。从图 6.2 可以看出，三个区域的环境规制强度整体上呈递增趋势变化，东部地区的环境规制强度明显要大于中部、西部地区，中部地区的环境规制强度略大于西部地区。为更客观地验证清洁技术偏向对工业绿色转型的环境规制门限效应是否存在区域差异性，本章分别对东部、中部和西部地区进行分样本回归，具体估计结果见表 6.7。

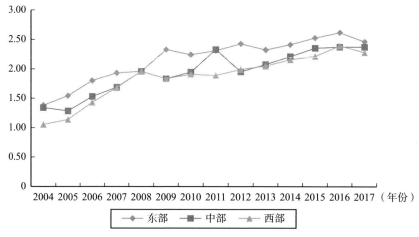

图 6.2　不同区域环境规制强度均值

表 6.7　　　　　　　　　　**分区域层面 PSTR 模型估计结果**

变量	东部地区		中部地区		西部地区	
	线性部分	非线性部分	线性部分	非线性部分	线性部分	非线性部分
CT	0.441 (1.631)	− 24.053 *** (5.168)	1.145 (1.985)	24.269 *** (9.024)	− 5.705 *** (2.039)	319.782 *** (28.378)
ER	− 0.221 * (0.123)	− 0.113 (0.213)	0.009 (0.129)	− 0.179 (0.284)	0.190 (0.126)	− 4.794 *** (0.429)
URB	2.295 *** (0.632)	− 13.077 *** (2.339)	− 4.044 *** (1.496)	− 11.474 *** (3.483)	− 3.142 *** (1.159)	140.427 *** (10.307)
STR	2.505 *** (0.942)	11.340 *** (2.232)	− 4.354 ** (2.212)	3.026 (3.680)	0.022 (0.402)	− 105.610 *** (7.952)

续表

变量	东部地区		中部地区		西部地区	
	线性部分	非线性部分	线性部分	非线性部分	线性部分	非线性部分
GOV	− 0.561 * (0.310)	9.040 *** (1.390)	2.436 * (1.396)	5.093 * (2.629)	2.684 *** (1.309)	− 68.495 *** (4.998)
GDPR	9.405 *** (2.294)	− 3.027 (2.975)	3.884 * (2.322)	− 0.966 (3.515)	0.134 (2.046)	− 78.214 *** (7.137)

注：＊、＊＊、＊＊＊分别表示在10%、5%、1%水平上显著；括号内为标准差。

　　从表6.7的估计结果可以看出，东部地区清洁技术偏向的线性部分估计结果不显著，非线性部分显著为负。这说明随着环境规制强度的加大，清洁技术偏向对东部地区工业绿色转型的作用效果最终表现出抑制效应。因为东部地区经济发展水平较高，产业结构优化升级相对较快，在资源利用和环境污染治理等方面表现突出，工业绿色发展优势明显。如果施加过于严格的环境监管，增加了企业的生产成本，挤占了企业技术研发资源，减弱企业清洁技术创新能力，进而阻碍了工业绿色转型。中部地区清洁技术偏向的线性部分估计结果不显著，非线性部分显著为正。这表明，只有环境规制跨过门限值后，清洁技术进步才能显著促进工业绿色转型。主要原因可能是，中部地区传统工业及资源消耗型工业偏重，绿色发展程度相对较低。严格的环境规制可以倒逼企业进行清洁技术创新，从而使得"创新补偿"效应大于"遵循成本"效应，使得清洁技术进步对工业绿色转型产生正向影响。西部地区清洁技术偏向的线性部分估计结果显著为负，非线性部分显著为正。这与中部地区的估计结果相类似，只有严格的环境规制才能使得清洁技术进步与工业绿色转型之间呈现出正相关关系。这可能是由于西部地区环境监管力度较差，大量的污染产业转移到西部地区，使得西部地区污染型技术存量得到提升，技术进步向清洁化方向发展不明显，进而不利于工业绿色转型。当环境规制强度大于门限值后，技术进步转向清洁化方向发展，从而加快工业绿色转型。

综上表明，清洁技术创新对工业绿色全要素生产率的影响存在环境规制门限效应，只有环境规制强度超过一定水平后，清洁技术创新才有助于工业绿色全要素生产率提升。这也与李斌等（2013）的研究结论相类似，但是李斌等（2013）的研究是从工业行业层面展开的，而本章是基于中国省级面板数据给出的宏观层面经验证据。环境规制对清洁技术创新效率具有重要影响（Zhang et al.，2021），为工业提供了外部影响，由此可以调整工业的生产方式（Li et al.，2018）。一方面，宽松的环境规制所引致的排污成本在企业总成本中所占的份额较小，企业没有动力研发高质量的清洁技术创新，不仅无法确保创新收益（Esmaeilpoorarabi et al.，2020），也不能有效促进工业绿色全要素生产率提升。另一方面，宽松的环境规制也会使得企业抽离部分清洁技术创新研发经费用于其他生产活动，这势必会降低企业的清洁技术研发能力，进而无法促进工业绿色全要素生产率的提高。严格的环境规制将淘汰部分高耗能企业，存留的企业为了保持竞争力，会更加注重高质量清洁技术创新（Alpay et al.，2002）。

6.4 本章小结

前沿文献探讨了清洁技术对工业绿色转型的影响。然而，忽视了清洁技术偏向对工业绿色转型的影响可能会受到区域技术禀赋差异和环境规制的影响，进而导致清洁技术偏向对工业绿色转型的影响存在区域异质性以及非线性特征。为此，本章通过构建了 Tobit 模型实证考察了清洁技术偏向对工业绿色转型影响效果的区域差异。结果发现只有东部地区清洁技术偏向对工业绿色转型具有显著的促进作用，中部、西部地区清洁技术偏向对工业绿色转型的作用效果不明显。考虑到不同区域环境规制强度存在显著差异，进而可能导致清洁技术偏向对工业绿色转型的影响效果存在不同。基于此，本章构建 PSTR 模型检验了清洁技术偏向对工业绿色转型的门限效应。研究表明，环境规制强度低于门槛值 1.929 时，清洁技术偏向对工业绿色转型的促进作用并不显著。当环境规制强度越过门槛值 1.929 时，清洁技术偏向对工业绿色转型的促进作用才不断凸显。地区异质性检验显示，对于东部地区而言，过于严格的环境规制将抑制清洁技术偏向对工业绿色转型的促进作用，而对中部和西部地区施加严格的环境规制将有助于清洁技术偏向促进工业绿色转型。

第7章
市场型环境规制政策清洁技术偏向效应检验

我国环境治理政策多为政府主导的命令型控制政策，近年来，随着市场的发展和完善，市场机制在污染治理中起到越来越重要的作用。碳排放权交易政策作为一项重要的市场激励型环境政策，在降低碳排放方面发挥的作用逐渐增强。自2011年碳交易试点政策的正式提出，碳市场在我国的发展已有十余年，从个别试点城市开展碳交易工作到全国统一碳市场正式启动，从初期只涉及发电行业到后来纳入多个行业，碳排放权交易政策不断发展完善，取得了良好的成效。已有研究表明，为达到碳减排目标，化石燃料的消费必须随之下降，而这又会带来大气污染物的协同减排效应。

当前，气候变化是国际社会普遍关心的问题，也是人类面临的最严峻挑战之一（Gaffney and Steffen，2017）。在导致气候变化的诸多因素中，二氧化碳排放受到各国政府的广泛关注。如何有效降低二氧化碳排放成为世界各国重点探讨的问题之一。自18世纪工业革命以来，二氧化碳在空气中的浓度以惊人的速度不断攀升。工业革命之前，大气中二氧化碳浓度保持在0.28%（280ppm）。当前已经突破400ppm，高于数百万年来任何时期的水平。① 二氧化碳浓度急剧上升可能导致气候系统出现不可预见的变化，从

---

① 冒纳罗亚观测站记录数据显示，2013年大气中二氧化碳浓度突破了400ppm，2019年5月达到414.7ppm。

而造成对经济和生态的严重破坏。为了应对气候变化和降低碳排放，中国政府提出到 2020 年，单位 GDP 二氧化碳排放要在 2005 年的基础上降低 40% ~45%，到 2030 年下降 60% ~65%。为了实现这一目标，在"十二五"时期，中国政府首次把单位 GDP 二氧化碳减排纳入规划目标，并提出五年内单位 GDP 二氧化碳排放量减少 17% 的目标，同时提出要逐步建立国内的碳排放交易市场。

20 世纪 60 年代，科斯（Coase，1960）曾指出，由市场来配置的排污权是解决环境外部性的有效方案。目前，通过碳排放权交易机制进行碳减排的国家和地区主要有中国、澳大利亚、新西兰、美国、加拿大和欧盟地区。在面临国际碳减排承诺与国内环境污染恶化的双重压力下，中国碳排放权交易市场已经从试点转变为全面推广。黄向岚等（2018）研究发现，中国碳排放权交易政策主要通过降低能源消费总量和调整能源消费结构来实现环境红利。经济新常态下，中国经济增长速度开始放缓，仅探讨碳排放权交易政策的减排效应是远远不够的，还应关注碳排放权交易政策对发展低碳经济动力的影响。而低碳清洁技术对于实现经济可持续发展变得越来越重要（Teixidó，2019；Zhang and Zhang，2019），为此，有必要探究中国碳排放权交易政策对低碳清洁技术创新的影响。

2011 年 8 月 31 日国务院下发的《"十二五"节能减排综合性工作方案》，明确中国把"十二五"能耗和碳排放强度下降目标分解落实到各地方，相应的任务落实到部门和行业，这充分表明了中国加快推进绿色低碳发展的决心。传统高能耗行业和企业，一旦达不到减排标准，就需要去购买减排额度，这也为中国碳排放交易市场提供了最为急需的发展动力。欧盟的碳排放交易系统（EU ETS）是目前世界上最有效的交易系统（王勇和赵晗，2019）。2011 年 10 月 29 日，国家发改委印发《关于开展碳排放权交易试点工作的通知》，正式确定北京、广东、上海、天津、重庆、湖北和深圳七个省份为首批碳排放交易试点省市，并于 2017 年 12 月 19 日正式启动全国碳排放交易体系。

本章重点探究市场型环境规制政策的清洁技术偏向效应。为此，本章以中国碳排放权交易试点政策为例，将其视为准自然实验场景，就中国碳排放权交易试点政策对低碳清洁技术创新的影响与作用机制进行深入分析和一系列稳健性检验，并进一步考察各试点地区政策效果的异质性，为深化碳排放权交易机制提供经验证据。本章的边际贡献包括：首先，不同于已有研究侧重于从微观企业层面探究中国碳排放权交易试点政策对低碳清洁技术创新的影响。本章基于中国省级面板数据，检验了试点政策对低碳清洁技术创新的政策效应，同时还考察了试点政策对低碳清洁技术创新的动态影响，并通过一系列稳健性检验提升实证研究结论的可信度。其次，考虑到各试点地区的异质性，碳交易市场建设可能对各试点地区低碳清洁技术创新产生不同影响，本章采用合成控制法考察了碳交易市场建设能否诱发各试点地区低碳清洁技术创新，以更加准确地评估碳排放权交易试点政策对低碳清洁技术创新的作用效果。最后，鉴于碳排放权交易机制市场化约束的属性、绿色消费观念与产业结构对低碳清洁技术创新的影响，本章通过构建交互项模型与中介效应模型检验了碳排放权交易试点政策对低碳清洁技术创新的影响机制，从而丰富了碳交易市场发挥环境红利路径的研究。

7.1　政　策　背　景

中国作为能源消费大国，巨大的高碳能源消费导致了较高的温室气体排放。对此，中国政府积极参与国际社会碳减排，高度重视碳排放的控制工作，并制定一系列减少碳排放的措施。其中，碳排放权交易是一个非常重要的手段。2011 年，国家发改委发布了《关于开展碳排放权交易试点工作的通知》，该文件提出把广东、湖北、北京、上海、天津、重庆和深圳等七个省份作为碳交易的试点地区。党的十八届三中全会明确指出，建立全国碳交易市场是我国全面深化改革的主要工作之一。2013 年 6 月，深圳率先开展碳交易市场工作，市场启动 100 天内，累计成交量达 11.4 万吨，累计成交额达 715.5 万元，总交易笔数 194 笔，为其他城市碳市场建设积累了经验。[①] 同一年末，北京、上海、广东和天津陆续展开工作。2014 年，湖北和重庆启动了碳排放权交易市场。2016 年，福建展开碳排放权交易市场工作。2017 年全国统一碳排放权交易市场的建设拉开帷幕。2020 年全国碳排放权交易市场建设进入完善阶段，并逐渐向更大的领域扩展。2021 年 7 月 16 日，全国碳市场正式启动，成为全球覆盖温室气体排放量规模最大的市场。

7.2 模型设定、变量说明与数据来源

7.2.1 计量模型设定

中国碳排放交易试点是中央政府层面的宏观部署，政策实施后仅影响试点地区，地方政府与企业无法对碳排放交易试点施加影响，该政策对于试点地区来说是一个外生冲击。并且试点地区的选取并非完全随机，可视为对随机实验的模仿，因此中国碳排放交易试点政策提供了"准自然实验"场景，进而可以采用双重差分模型（DID）识别碳排放权交易试点政策对低碳清洁技术创新的净影响。DID 模型的主要思想是将样本进行分组，其中一组是受政策影响的处理组，另一组是不受政策影响的控制组，通过对比处理组与控制组在政策实施前后某项指标的变化，可以估计出政策效应。本章以北京、广东、上海、天津、重庆和湖北六个省份为实验组，其他非试点省份为对照组。考虑到中国碳排放权交易试点实际启动交易是在 2013 年下半年至 2014

---

① 中国碳排放交易网，http://www.tanpaifang.com/。

年上半年，因此本章将 2014 年以前作为非试点时期，2014 年及以后作为试点时期，模型构建中引入时期虚拟变量 *TIME* 和试点地区虚拟变量 *TREAT*。为了消除试点省份与非试点省份不随时间变化的个体特征，以及不随地区变化的时间特征，本章采用双向固定效应面板数据模型，并借鉴蔡熙乾等（Cai et al.，2016）的研究，构建如下 DID 模型：

$$LCT_{it} = \beta_0 + \beta_1 TIME_{it} \times TREAT_{it} + \lambda X_{it} + \gamma_t + \mu_i + \varepsilon_{it} \qquad (7.1)$$

其中，i 和 t 分别代表地区和时间；LCT_{it} 表示 i 地区 t 年的低碳清洁技术创新水平；*TIME* 在实施碳排放交易试点政策时期取值为 1，否则为 0；如果某一个地区为实施碳排放交易试点地区，*TREAT* 取值为 1，否则为 0；X 表示影响低碳清洁技术创新的一系列控制变量；β_1 就是我们关心的碳排放权交易试点政策对低碳清洁技术创新的影响；γ_t 表示年份固定效应，替代了时期虚拟变量 *TIME*；μ_i 表示地区固定效应，替代了试点地区虚拟变量 *TREAT*；ε_{it} 为随机扰动项。

模型（7.1）仅探究碳排放权交易试点政策对低碳清洁技术创新的平均影响，不能反映出试点政策在不同时间段内对低碳清洁技术创新影响的差异。因此，本章借鉴雅各布森等（Jacobson，LaLonde and Sullivan，1993）提出的事件研究法对碳排放权交易试点政策的动态效应进行检验，同时也进一步验证本章样本数据满足平稳趋势假设，构建如下模型：

$$LCT_{it} = \beta_0 + \sum_{t=2011}^{2017} \beta_t TIME_{it} \times TREAT_{it} + \lambda X_{it} + \gamma_t + \mu_i + \varepsilon_{it} \qquad (7.2)$$

其中，β_t 表示 2011 ~ 2017 年 *TIME* 与 *TREAT* 交互项的一系列估计值。其他变量含义与模型（7.1）相同。

7.2.2　变量说明

7.2.2.1　被解释变量

本章被解释变量为低碳清洁技术创新（*LCT*）。从 2009 年开始，欧洲专利局（EPO）、联合国环境署（UUNEP）以及国际贸易和可持续发展中心（ICTSD）启动了关于低碳专利分类的重要研究项目（Veefkind et al.，2012）。通过对分散于不同分类体系中的专利进行标记，该研究项目从庞大的全球专利数据库中识别出旨在缓解气候变化问题的技术专利，并在合作专利分类法（CPC）分类中形成了一个新的大类，即 Y02 分类体系。虽然专利不等于创新，但专利是反映创新的较好指标。此外，CPC-Y02 分类体系具有系统化和结构化的特征，更适合于对低碳清洁技术整体创新态势进行追踪与研究（鄢哲明等，2017）。近年来，越来越多的学者使用该体系研究低碳清洁技术创新问题（Calel and Dechezlepretre，2016；Su and Moaniba，2017；王为东等，2018）。为此，本章以 2013 年 CPC-Y02 分类申请专利数来衡量低碳清洁技术创新。

7.2.2.2 控制变量

（1）碳价格（CP）。对于碳排放权交易主体而言，碳交易过程中形成的碳价格主要表现为能源成本的增加，而能源成本的上升将会倒逼企业进行低碳清洁技术创新。因此，本章选择碳价格作为控制变量。由于缺少碳价格数据，本章采用能源成本作为碳价格的替代变量，在构建中国区域碳价格与能源成本之间的映射关系基础上，通过对《中国物价年鉴》中 36 个大中城市 2003~2006 年煤、汽油、柴油、天然气、电力五种能源价格按各能源消费量占比进行加权，然后运用各地区燃料动力类购进价格指数扩展得到 2007~2017 年能源成本。

（2）环境治理投资（EI）。低碳清洁技术创新需要占用大量资金，具有前期投入大、风险高的特点。因此，在环境治理投资强度较低的情况下，用于低碳清洁技术研发部分的资金不足，不能有效促进低碳清洁技术创新。但随着环境治理投资的增加会激励企业进行低碳清洁技术创新，并且创新成功后，企业可以通过申请专利来保护自己的利益，从而提升自己的竞争力。为此，本章将环境治理投资与其平方项作为控制变量。

（3）人力资本（*HC*）。人力资本是技术创新的主体和源泉，罗默（Romer，1990）指出，随着研发部门人力资本投入的增加，技术创新成果也越来越多。加利亚和勒格罗（Gallié and Legros，2012）、班纳吉和沃尔特（Banerjee and Roy，2014）的研究也都认为，人力资本对技术创新有积极影响。为此，本章将人力资本作为控制变量。一般认为，劳动者的受教育年限越长，其人力资本水平越高。所以，本章使用人均受教育年限来衡量人力资本水平。

（4）经济发展水平（*GDP*）。随着国内经济发展水平的提升，政府部门更加注重经济发展质量，更加强化绿色发展。同时，经济增长也反映国内需求，国内对低碳产品的需求增加，也会激励企业进行低碳清洁技术创新。因此，本章将经济发展水平作为控制变量，采用 GDP 增长率衡量。

（5）出口（*EXP*）。国外对本国产品的需求在一定程度上会影响本国的生产方式，如果国外对本国低碳产品需求增加，将会促进低碳清洁技术创新；反之，则不利于低碳清洁技术创新。所以，本章还选择了出口作为控制变量，为了货币单位统一，我们采用人民币兑美元年均价汇率将以美元为单位的出口额换算成人民币。为了缩小量纲的影响，我们对环境治理投资、人力资本和出口进行了取对数处理。

7.2.3　数据来源

考虑到数据的可得性和完整性，本章选取 2003～2017 年中国省际面板数据作为分析数据，样本不包含西藏、宁夏和我国港澳台地区。低碳清洁技术创新数据来自 Incopat 专利数据库。碳价格、环境治理投资、人力资本、经济发展水平和出口数据来自《中国物价年鉴》和 EPS 数据平台。表 7.1 报告了各变量的描述性统计结果。

表 7.1 描述性统计结果

变量	观测值	均值	标准差	最小值	最大值
LCT	435	2.428	3.915	0.006	28.869
TREAT	435	0.207	0.406	0	1
TIME	435	0.267	0.443	0	1
EI	435	4.793	1.066	1.281	7.256
CP	435	21.059	18.202	0.622	84.753
HC	435	2.152	0.115	1.798	2.539
EXP	435	14.205	1.667	10.134	17.984
GDP	435	11.137	3.006	−2.5	23.8
MARKET	435	6.341	1.805	2.33	10.92
GC	435	0.281	0.086	0.085	0.488
STR	435	0.975	0.525	0.494	4.239
FE	435	0.204	0.092	0.079	0.627
URB	435	0.505	0.150	0.181	0.896
INF	435	0.784	0.476	0.034	2.094

7.3 实证结果与分析

7.3.1 市场型环境规制政策清洁技术偏向效应检验结果

为了检验碳排放权交易试点政策对低碳清洁技术创新的影响，本章首先对模型（7.1）进行回归分析。表 7.2 报告了碳排放权交易试点政策对低碳清洁技术创新影响的估计结果。

表 7. 2 基准回归结果

变量	（1）	（2）	（3）
$TIME \times TREAT$	2. 879 *** (0. 597)	2. 119 *** (0. 540)	2. 201 *** (0. 502)
ER_1		− 8. 364 *** (0. 814)	− 5. 518 *** (0. 945)
$(ER_1)^2$		0. 779 *** (0. 081)	0. 471 *** (0. 093)
CP			0. 143 *** (0. 019)
HC			8. 983 ** (4. 208)
EXP			− 0. 796 ** (0. 308)
GDP			0. 243 *** (0. 062)
常数项	1. 532 ** (0. 702)	21. 116 *** (2. 091)	3. 935 (8. 553)
时间	Y	Y	Y
地区	Y	Y	Y
样本数	435	435	435
R^2	0. 708	0. 770	0. 809

注：*、**、***分别表示在10%、5%和1%显著性水平下通过检验；括号内为标准差。

在不考虑任何控制变量的情况下，表7.2中列（1）$TIME$ 与 $TREAT$ 交互项的估计系数为2.879，并且在1%的显著性水平下通过检验，说明碳排放交易试点政策能够显著地促进低碳清洁技术创新。列（2）中我们增加环境治理投资及其二次项，$TIME$ 与 $TREAT$ 交互项依然显著为正。在列

（3）中，我们加入其他所有控制变量，*TIME* 与 *TREAT* 交互项的估计系数符号和显著性均没有发生变化。列（1）、列（2）与列（3）结果均说明，相对于非试点地区，排放权交易机制显著地促进了试点地区低碳清洁技术创新水平，有助于实现环保目标。

碳排放权交易试点政策能够显著促进低碳清洁技术创新，这一结论与卡列尔和德舍勒普雷特尔（Calel and Dechezlepretre，2016）的研究相一致。卡列尔和德舍勒普雷特尔（Calel and Dechezlepretre，2016）通过对欧盟碳排放权交易系统（EU ETS）进行分析，发现 EU ETS 至少提高了欧盟 10% 的低碳清洁技术专利。碳排放权交易的本质是通过碳排放总量控制和交易机制形成碳价格，一方面，碳价格会提升化石能源使用成本，进而促进可再生能源用能行业的竞争优势。为此，市场主体倾向于可再生能源研发和项目投资，从而驱动低碳清洁技术创新（Fan and Wang，2014）。另一方面，当市场主体将碳排放削减到一定量时，便可以将多余的碳排放权售出获利，所得收入可以用于低碳清洁技术研发，进而也促进了低碳清洁技术创新（Palmer et al.，2011）。

控制变量中，碳价格的估计系数显著为正，这表明碳价格可以倒逼企业进行低碳清洁技术创新。环境治理投资显著为负，其二次项显著为正，表明环境治理投资与低碳清洁技术创新之间存在 U 形关系。人力资本的估计系数显著为正，表明人力资本可以促进低碳清洁技术创新，因为随着人力资本积累，劳动者的生产效率与学习能力均得到提升，进而有利于低碳清洁技术创新。出口未能促进地区低碳清洁技术创新，可能源于两方面原因：一是虽然出口对市场需求拉动作用很大，但一些地区为了追求增长却忽视环保要求；二是如果市场非绿色产品需求量很大，企业为了追求利润最大化，企业将使用更多资源进行生产非绿色产品以满足市场需求，使得低碳清洁技术研发投入不足，进而降低了低碳清洁技术创新水平。经济增长的估计系数也显著为正，这说明国内经济发展水平的提升可以显著促进低碳清洁技术创新。

7.3.2 市场型环境规制政策清洁技术偏向效应的稳健性检验

为了验证基准回归结果的稳健性，本章分别采取改变窗口期、PSM-DID 估计与安慰剂检验三种方式进行稳健性检验。第一，改变窗口期进行稳健性检验。通过将样本区间更改为 2011 ~ 2017 年，进而使得政策实施年份之前与之后样本区间长度一致，重新对模型（7.1）进行参数估计，结果如表 7.3 所示。从中可以看出，改变样本窗口期后，前文研究结论依然成立。第二，PSM-DID 估计。为了消除样本选择性偏误，得到政策的无偏估计，本章利用倾向得分匹配法（PSM）以控制变量为样本点的识别特征，对试点地区和非试点地区的省份进行匹配。随后对匹配后的结果使用 DID进行回归，结果见表 7.3。PSM-DID 估计结果显示，碳排放权交易试点政策仍然可以显著地促进低碳清洁技术创新，表明本章研究结论具有较好的稳健性。第三，安慰剂检验。本章从样本中随机抽取 6 个省份作为处理组，其他省份作为对照组，进行回归，通过重复随机抽取 1000 次，得到 $TIME \times TREAT$ 估计系数分布图，如图 7.1 所示。从图 7.1 可以发现，随机抽样的 $TIME \times TREAT$ 估计系数分布于 0 周围，图中虚线位置为 $TIME \times TREAT$的真实的估计系数 2.201，远离随机抽样系数分布图，没有落入随机抽样分布图的内部。安慰剂检验的结果进一步证明了中国碳排放权交易试点政策可以促进低碳清洁技术创新。

表 7.3　　　　　　　　　　　　稳健性检验

变量	改变窗口期		PSM-DID	
	（1）	（2）	（3）	（4）
$TIME \times TREAT$	1.683 *** (0.636)	1.099 * (0.706)	3.251 *** (0.706)	2.283 *** (0.575)
ER_1		-7.647 ** (3.292)		-4.633 *** (0.971)

续表

变量	改变窗口期		PSM-DID	
	（1）	（2）	（3）	（4）
$(ER_1)^2$		0.723 ** （0.310）		0.369 *** （0.095）
CP		− 0.054 （0.064）		0.171 *** （0.019）
HC		− 4.144 （8.939）		9.679 ** （4.344）
EXP		0.894 （0.625）		− 0.744 ** （0.317）
GDP		0.407 *** （0.118）		0.301 *** （0.065）
常数项	8.806 *** （0.762）	23.247 （22.477）	1.559 ** （0.721）	− 0.687 （9.023）
时间	Y	Y	Y	Y
地区	Y	Y	Y	Y
样本数	203	203	405	405
R^2	0.888	0.904	0.711	0.821

注：*、**、***分别表示在10%、5%和1%显著性水平下通过检验；括号内为标准差。

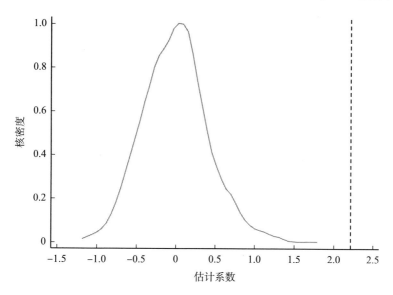

图7.1 安慰剂检验（1000次随机模拟）

7.3.3 市场型环境规制政策清洁技术偏向效应的动态检验

图 7.2 绘制了 95% 置信区间下模型（7.2）交互项系数的估计结果。本章发现，在碳排放权交易试点政策实施年份以前模型（7.2）中交互项系数置信区间均与 0 轴相交，说明 95% 的置信区间包含了 0，交互项系数是不显著的，即 β_t 在 2011～2013 年的估计结果均不显著。这表明实验组和对照组在碳排放权交易试点政策实施之前不存在明显差异，再次验证 DID 模型中共同趋势假设的成立，也进一步说明了本章采用 DID 模型的合理性（任胜钢等，2019）。此外，交互项系数从 2015 年开始显著为正，并且整体上呈逐年递增的趋势，说明碳排放权交易试点政策对低碳清洁技术创新存在持续的正向影响，并且随着时间的推移碳排放权交易试点政策的影响效果越来越大。

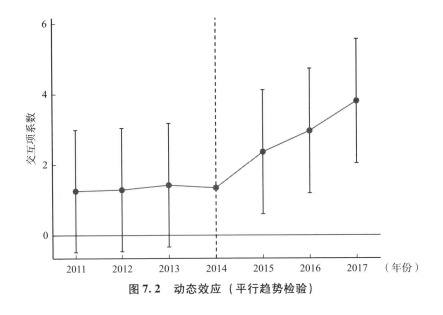

图 7.2 动态效应（平行趋势检验）

动态效应检验结果显示，碳排放权交易试点政策对低碳清洁技术创新的促进作用随时间推移而增强。张燕和章杰宽（Zhang and Zhang，2019）的研究也证实了碳排放权交易政策对低碳发展的影响逐步增强。随着碳排放权交易政策的不断推进，控排企业的覆盖范围进一步扩大。对控排企业而言，当通过优化能源结构和提高化石能源效率等措施无法应对逐渐增大的减排压力时，只能通过低碳清洁技术创新的方式转变被动局面。因此，碳排放权交易的政策效果也就变得越来越明显（Lin and Jia，2017）。

7.3.4 市场型环境规制政策清洁技术偏向效应的区域异质性

为了进一步对比每一个试点地区碳交易市场建设对低碳清洁技术创新影响的差异性，本章利用阿巴迪（Abadie，2003）提出的合成控制法分析不同试点地区政策实施结果的差别。碳排放交易试点省份与对应合成省份的低碳清洁技术创新演变趋势如图 7.3 所示。其中，垂直虚线表示碳排放交易试点政策实施年份，实曲线表示试点省份低碳清洁技术创新水平的真实演进路径，虚曲线是合成省份低碳清洁技术创新水平的虚拟演进路径，两曲线纵向距离表示碳排放交易试点政策净效应。从图 7.3 中可以发现，在试点政策实施之前，广东、湖北、天津和重庆的实曲线与虚曲线非常接近，这表明试点政策实施之前广东、湖北、天津和重庆与对应合成省份的低碳清洁技术创新水平没有显著差异。在试点政策实施之后，广东、湖北、天津和重庆的实曲线与虚曲线出现明显偏离，并且实曲线高于虚曲线，这表明碳排放权交易试点政策有效促进广东、湖北、天津和重庆 4 个地区的低碳清洁技术创新。而对于图 7.3 中北京和上海 2 个地区，实曲线与虚曲线差距较大，这意味着无法判断真实演进路径与虚拟演进路径之间的差异是来自政策冲击还是拟合误差。这可能是由于北京和上海作为京津冀城市群与长三角城市群的核心城市，其低碳清洁技术创新水平均为全国前列，难以利用其他省份对二者进行拟合。

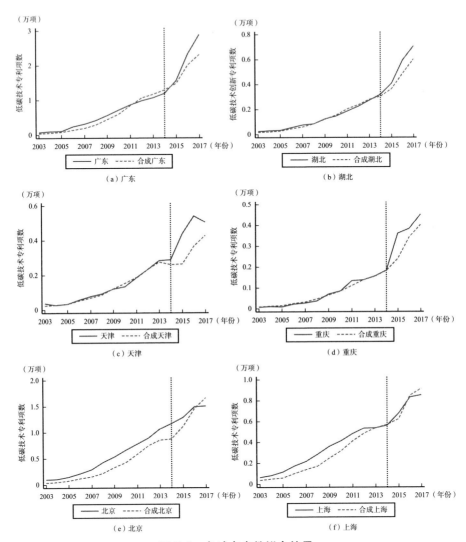

图7.3 各试点省份拟合结果

为了提高合成控制法分析结果的可靠性，本章采用阿巴迪（Abadie，2010）提出一种类似统计中秩检验的排列检验法进行有效性检验。这种检验的思想是假定所有非试点地区都进行碳排放权交易，使用合成控制法构造相应地区的合成控制对象，估计在假定情况下的政策效果，然后比较试点地区实际产生的政策效果与非试点地区假定情况下产生的政策效果，如果二者差距足够大，则可以相信碳排放权交易试点政策的效果是显著的。北京和上海 2 个地区拟合效果不佳，本章不再对其进行排序检验。图 7.4 展示了采用排序检验法对广东、湖北、天津和重庆进行有效性检验结果。其中，实曲线表示试点地区，虚曲线表示均方根预测误差（RMSPE）比试点地区低 1.5 倍的地区。从图 7.4 可以清晰发现，与非试点地区的政策效果相比，广东、湖北、天津和重庆的实际低碳清洁技术创新水平与合成值的差值都要大，表明非试点地区要得到与试点地区相同的政策效果是小概率事件，进而也证明了碳排放权交易试点政策的有效性。

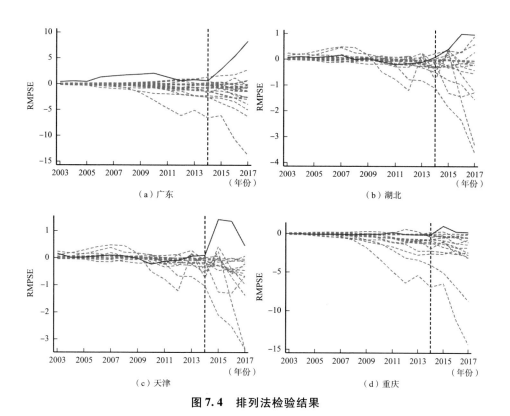

图 7.4　排列法检验结果

7.4 市场型环境规制政策清洁技术偏向效应机制分析

通过 DID 模型估计结果与稳健性检验证实了中国的碳排放权交易试点政策可以有效促进地区低碳清洁技术创新。那么，该政策如何影响低碳清洁技术创新？这就需要深入挖掘其内在影响机制。本章重点从市场化程度、绿色消费观念与产业结构升级三条途径探究建立碳排放权交易市场对低碳清洁技术创新的影响。

第一，市场化程度。随着中国建立市场化的碳排放交易机制，在碳排放约束下降低单位产出的碳排放水平成为企业的中长期约束性目标。碳价格是决定企业减排规模的重要因素，如果市场机制能够充分发挥配置资源的优势，通过调整企业收益与成本的关系，将碳排放成本内部化，就可以倒逼企业低碳清洁技术创新。由此可见，市场化程度可以调节碳排放交易机制对低碳清洁技术创新的影响。

第二，绿色消费观念。人类生产与消费过程中，产生了过量二氧化碳。通过引导公众低碳生活方式，促使形成低碳生活理念，将会增加绿色消费需求。随着低碳产品的使用与推广，消费者对低碳产品的偏好将会增加，厂商为了追求利润最大化，必然会加大低碳清洁技术研发投入，生产出更多低碳产品以满足消费者需求。同时，绿色消费观念也为绿色行业发展带来新机遇，这将引导更多资金流向绿色行业，这在一定程度上也会激发低碳清洁技术创新。因此，绿色消费观念能够正向调节碳排放交易机制对低碳清洁技术创新的影响。

第三，产业结构升级。不同产业对碳排放量的需求存在很大差距，通过建立碳市场，发挥市场机制在调节碳排放权配置中的决定性作用，对温室气体排放总量加以控制，进而会对地区产业结构升级产生影响（Eichner and Pethig，2014）。古典经济学认为合理的产业结构有助于提高资源配置效率，是驱动技术创新重要因素。随着产业结构优化升级，生产要素从低效率生产部门向高效率生产部门转移，也会给低碳清洁技术创新提供有利的环境。因此，产业结构升级在碳排放权交易机制与低碳清洁技术创新之间起到正向中介效应。

本章利用调节效应模型和中介效应模型检验碳排放权交易试点政策对低碳清洁技术创新的影响机制。

7.4.1 市场化与绿色消费观念的调节效应

本章构建如下模型：

$$LCT_{it} = \alpha_0 + \alpha_1 TIME_{it} \times TREAT_{it} + \alpha_2 TIME_{it} \times TREAT_{it}$$
$$\times M_{it} + \alpha_3 M_{it} + \lambda X_{it} + \gamma_t + \mu_i + \varepsilon_{it} \qquad (7.3)$$

模型（7.3）中，M 表示调节变量，具体是指市场化总水平和绿色消费观念，其他变量定义与前文一致。其中，市场化总水平来自樊纲等编制的《中国分省份市场化指数报告》，绿色消费观念采用年末实有公共营运汽电车/（年末实有公共营运汽电车 + 年末实有出租汽车）来衡量，数据来自 EPS 数据平台。本章重点关注 $TIME_{it} \times TREAT_{it} \times M_{it}$ 的系数显著性。如果显著为正，说明调节变量可以正向调节碳排放交易机制对低碳清洁技术创新的影响，如果显著为负，则说明调节变量可以负向调节碳排放交易机制对低碳清洁技术创新的影响。调节效应检验结果如表 7.4 所示。

表 7.4　　　　　　　　　　　调节效应检验结果

变量	（1）	（2）	（3）	（4）
$TIME \times TREAT \times MARKET$	2.163 *** （0.547）	1.888 *** （0.469）		
$TIME \times TREAT \times GC$			21.648 *** （6.349）	18.955 *** （5.739）

续表

变量	(1)	(2)	(3)	(4)
Control	N	Y	N	Y
常数项	-1.189 (1.792)	-7.495 (8.766)	-2.032** (1.022)	8.641 (8.556)
时间	Y	Y	Y	Y
地区	Y	Y	Y	Y
样本数	435	435	435	435
R^2	0.721	0.819	0.734	0.815

注：*、**、***分别表示在 10%、5% 和 1% 显著性水平下通过检验；括号内为标准差。

表 7.4 中列（1）和列（2）报告了市场化水平的调节效应检验结果，$TIME \times TREAT \times MARKET$ 的估计系数均显著为正，这表明碳排放交易机制对低碳清洁技术创新的政策效应受到市场化水平的显著影响。表 7.4 中列（3）和列（4）报告了绿色消费观念的调节效应检验结果，$TIME \times TREAT \times GC$ 也全都显著为正，这也说明碳排放交易机制对低碳清洁技术创新的政策效应还受到绿色消费观念的显著影响。调节效应检验结果在一定程度上证实了市场化水平的提高与绿色消费观念的深入均能加强碳排放交易机制对低碳清洁技术创新的促进作用。

7.4.2 产业结构的中介效应

为了检验产业结构的中介效应，本章构建如下模型：

$$LCT_{it} = \beta_0 + \beta_1 TIME \times TREAT + \lambda X_{it} + \gamma_t + \mu_i + \varepsilon_{it} \qquad (7.4)$$

$$STR_{it} = \varphi_0 + \varphi_1 TIME \times TREAT + \varphi Z_{it} + \gamma_t + \mu_i + \varepsilon_{it} \qquad (7.5)$$

$$LCT_{it} = \delta_0 + \delta_T IME + \delta_2 STR_{it} + \lambda X_{it} + \gamma_t + \mu_i + \varepsilon_{it} \qquad (7.6)$$

这里模型（7.4）与前文模型（7.1）相同，因此估计结果也与前文一致。模型（7.5）中 STR 表示产业结构，为中介变量，本章采用第三产业与第二产业产值之比衡量；Z 表示产业结构方程中的一系列控制变量，具体包括人力资本（HC）、出口（EXP）、城市化水平（URB）采用各地区城镇人口数比年末总人口数衡量，财政支出（FE）采用政府财政支出与 GDP 的比值来衡量，基础设施（INF）用各地区每平方公里的公路里程来表示。以上变量数据均来自 EPS 数据平台，其他变量定义与前文一致。

对于中介效应模型，本章采用依次检验回归系数的方法（Baron and Kenny，1986）判断中介效应是否显著。首先，对模型（7.4）进行参数估计，检验 β_1 的显著性；其次，对模型（7.5）进行回归，检验 φ_1 的显著性；最后，对模型（7.6）进行回归，如果 β_1、φ_1 和 δ_2 都显著，则表明存在中介效应。在此基础上，若 δ_1 不显著，表明这是一种完全中介效应，若 δ_1 显著且小于 β_1，说明这是部分中介效应。中介效应检验结果如表 7.5 所示。

表 7.5　　　　　　　　　　　中介效应检验结果

变量	（1）	（2）	（3）
	LCT	*STR*	*LCT*
TIME × TREAT	2.201 *** (0.502)	0.190 *** (0.047)	2.006 *** (0.513)
STR			0.939 * (0.540)
Control	Y	Y	Y
常数项	3.935 (8.553)	3.452 *** (0.777)	0.574 (8.747)
时间	Y	Y	Y
地区	Y	Y	Y
样本数	435	435	435
R^2	0.809	0.908	0.810

注：*、**、*** 分别表示在 10%、5% 和 1% 显著性水平下通过检验；括号内为标准差。

表 7.5 中列（1）结果显示，*TIME* 与 *TREAT* 交互项对低碳清洁技术创新的回归结果显著为正，表明碳排放权交易试点政策可以促进低碳清洁技术创新。列（2）是模型（7.5）的回归结果，*TIME* 与 *TREAT* 交互项的估计系数为 0.190，并且在 1% 的显著性水平下通过检验，说明碳排放权交易试点政策可以显著促进地区产业结构升级。列（3）中 *TIME* 与 *TREAT* 交互项对低碳清洁技术创新的估计系数仍然显著为正，但与列（1）相比，系数有所减小。这表明碳排放权交易试点政策对低碳清洁技术创新的影响有部分中介效应，即碳排放权交易试点政策对低碳清洁技术创新的影响有一部分是通过产业结构升级来实现的。这也验证了碳排放权交易试点政策可以通过影响产业结构升级，进而促进低碳清洁技术创新。

7.5　本章小结

为了检验市场型环境规制政策的清洁技术偏向效应，本章以碳排放权交易政策为例，选取 2003～2017 年 29 个省份相关数据为研究样本，通过构建 DID 模型进行实证检验。从回归结果中我们发现中国碳排放交易机制可以显著促进低碳清洁技术创新，并且这种正向影响会随时间推移逐渐增强。此外，本章还利用合成控制法分析不同试点地区政策实施结果的差别，结果发现碳排放权交易机制对广东、湖北、天津和重庆 4 个试点地区的低碳清洁技术创新政策效果较为明显。进一步分析过程中，本章通过构建调节效应模型和中介效应模型检验碳排放权交易试点政策对低碳清洁技术创新的影响机制。研究结果表明，市场化水平和绿色消费观念可以正向调节碳排放交易机制对低碳清洁技术创新的影响，产业结构升级在碳排放权交易机制与低碳清洁技术创新之间起正向中介作用。

第 8 章

命令型环境规制政策清洁
技术偏向效应检验

　　过去几十年，中国工业粗放的发展模式，导致了大气中二氧化硫、氮氧化物、粉尘等污染物含量急剧增加（常纪文，2014）。中华人民共和国生态环境部公布的数据显示，2013 年中国二氧化硫排放总量为 2043.9 万吨，氮氧化物排放总量为 2227.4 万吨，粉尘排放总量为 1278.1 万吨。可见，中国城市空气质量不容乐观，如何有效缓解大气污染问题已经迫在眉睫。然而，大气污染存在"空气流域"边界模糊与跨界输送问题（王金南等，2012），仅依靠属地治理与末端治理的方式难以有效改善空气质量（李雪松和孙博文，2014）。对此，中国政府已经意识到需要开展大气污染协同治理来应对污染的"解域化"问题（范叶超和刘梦薇，2020）。随着大气污染协同治理体系不断完善，大气污染得到有效控制。《中国环境状况公报》（2013 年）、《中国生态环境状况公报》（2017 年）的数据显示，相比2013 年，2017 年 74 个城市空气质量平均达标天数比例提高 12.2%，优良天数比例在 80% ~ 100% 之间的城市个数增加 12 个，PM2.5 达标城市的比例提高近 5 倍。已有研究也证实了大气污染协同治理能够显著降低大气污染物排放（赵志华和吴建南，2020；魏娜和孟庆国，2018；Xu and Wu，2020），但要从根本改善大气质量，必须依靠清洁技术创新，转变传统的粗放型发展模式（胡鞍钢和周绍杰，2014；Jiang et al.，2020）。2020 年 10 月，《中共中央关于制定国民经济和社会发展第十四个五年规划和二〇三五年远景目标的建议》强调，要坚持"绿水青山就是金山银山"的发展理念，强化绿色发展的法律和政策保障，支持清洁技术创新。进一步表明，通过环境政策促进清洁技术创新，是中国践行绿色发展理念一条重要途径。因此，有必要探究大气污染协同治理对清洁技术创新的影响。为此，本章以《大气污染防治行动计划》为例，重点考察命令型环境规制政策的清洁技术偏向效应。

针对已有文献的不足，本章的主要边际贡献包括：第一，由于当前关于大气污染协同治理的研究主要集中在污染物减排和治理效率上，从清洁技术创新角度来评估大气污染协同治理政策实施效果的文献较为匮乏。为此，本章基于上市公司微观数据，从企业清洁技术创新视角，将《大气污染防治行动计划》实施视为准自然实验，考察其对企业清洁技术创新的影响，并通过一系列稳健性检验提升实证研究结论的可信度。第二，已有文献针对环境规制与清洁技术创新之间的关系进行了较为深入的讨论，但从地区协同治理层面的检验相对较少，特别是大气污染协同治理效果在异质性主体中的表现。基于此，本章从专利异质性和企业污染异质性多角度识别大气污染协同治理政策对清洁技术创新的影响，以更加准确地评估政策实施对清洁技术创新的作用效果。第三，本章从研发投入与政府补贴两个渠道深入剖析了大气污染协同治理对清洁技术创新的影响机制，从而丰富了大气污染协同治理影响清洁技术创新的路径研究，这些也是优化空气污染协同治理政策的关键手段。

8.1 政策背景、机理分析与假说提出

8.1.1 政策背景

大气污染在空间上具有较强的关联性、流动性和不可分割性，决定了

生态环境协同治理的系统性。单纯的属地治理模式造成大气污染治理效果不理想。打破行政区划限制，实现协同治理才是大气污染治理的关键。所谓的大气污染协同治理是指运用组织和制度打破行政区域界限，以大气环境功能区域为单元，单元内的省市共同规划和实施大气污染控制方案，统筹规划，互相监督，互相协调，最终达到改善区域空气质量的效果（王金南等，2012）。近几年京津冀三地大范围的大气污染，为了有效解决环境污染的负外部性，需要相关区域政府在协同发展方面形成完善的合作机制。为此，中国政府在京津冀区域大气污染协同治理组织的建设上做出了积极的尝试。从区域整体利益出发，通过协同治理让大气污染的负外部效应内部化，进而形成府际治理的合力。

2010 年 5 月，国务院办公厅转发《关于推进大气污染联防联控工作改善区域空气质量的指导意见》，首次提出要用协同治理的方式解决区域大气污染问题。针对中国区域性大气环境问题日益突出，2013 年 9 月，国务院印发《大气污染防治行动计划》，进一步明确要建立区域协作机制，统筹区域环境治理。《大气污染防治行动计划》被视为史上最严格的大气污染治理政策，实施周期为 2013～2017 年，设定大气质量改善目标："到 2017 年，全国地级及以上城市可吸入颗粒物浓度比 2012 年下降 10% 以上，优良天数逐年提高；京津冀、长三角、珠三角等区域细颗粒物浓度分别下降 25%、20%、15% 左右，其中北京市细颗粒物年均浓度控制在 60 微克/立方米左右。"《大气污染防治行动计划》的重点任务之一就是"加快企业技术改造，提高科技创新能力"。对钢铁、水泥、化工、石化、有色金属冶炼等重点行业进行清洁生产审核，针对节能减排关键领域和薄弱环节，采用先进适用的技术、工艺和装备，实施清洁生产技术改造。因此，《大气污染防治行动计划》必然会对企业清洁技术创新产生重要影响。

8.1.2 机理分析与假说提出

大气污染协同治理过程中，政府采取污染物排放总量控制、严禁落后产能转移、严控"两高"产业新增产能等举措。面对这种"硬约束"，企业往往会通过加大清洁技术创新研发，选择清洁的生产方式。此时，大气污染协同治理的创新补偿效应占主导地位。此外，政府还采取完善价格税收政策、加大排污费征收力度和拓宽融资渠道等举措。一方面，价格税收政策激励企业加大研发资金投入，提升企业清洁技术创新能力。另一方面，适时提高排污收费标准，在一定程度上也会倒逼企业进行清洁技术创新。此外，政府部门通过鼓励民间资本和社会资本进入大气污染防治领域，引导银行业金融机构加大对大气污染防治项目的信贷支持，这也为企业清洁技术研发提供了资金保障，提高企业研发项目的成功概率。据此，本章提出如下研究假设：

H1：大气污染协同治理对清洁技术创新具有促进作用。

前沿文献多采用绿色专利来衡量企业清洁技术创新能力，并且在研究过程中将绿色专利分为发明专利和实用新型专利（齐绍洲等，2018；徐佳和崔静波，2020；李青原和肖泽华，2020；方先明和那晋领，2020）。其中，发明专利具有新颖性、创造性和实用性的特征，在审批过程中必须接受严格的审查（黎文靖和郑曼妮，2016），而实用新型专利的审批则相对宽松。《大气污染防治行动计划》是一个具有试点性质的短期计划（5年），部分企业为了快速达到环保目标，获得政府资源，倾向于将研发资金投入到创造难度更小、审核更简便的实用新型专利。而绿色发明专利对创造性和新颖性要求较为严格，并且具有高研发门槛和强技术积累的特征（毛昊等，2018）。这也使得短期内大气污染协同治理难以有效促进绿色发明专利数量的提升。据此，本章提出如下研究假设：

H2a：大气污染协同治理对不同类型清洁技术创新的影响存在异质性。

大气污染协同治理有效引导企业的绿色创新行为，但不同污染强度的企业往往会表现出差异化反应。重污染企业大多呈现出资源依赖的特点，因此受到环境监管的影响较大。如果重污染企业采取降低产量或者停产等方式降低污染物排放，将会形成高额的沉没成本，进而严重影响企业经营状况（王晓祺等，2020）。同时，排污费大幅增加企业经济成本，很大程度上过度挤占了企业清洁技术创新资金，直接导致重污染企业清洁技术创新动力不足。此外，随着大气污染协同治理不断推进，居民环保意识逐渐增强，进而加大了对绿色产品的需求，高污染企业的市场份额逐步被绿色产品挤占，严重影响了重污染企业利润，使得重污染企业更倾向于退出市场。因此，大气污染协同治理对重污染企业清洁技术创新的影响效果不明显。在绿色发展成为核心竞争力的大环境下，非重污染企业的污染治理成本较低，为追求利润最大化和获取政府资源支持，非重污染企业会加速清洁技术创新，提升竞争能力。据此，本章提出如下研究假设：

H2b：大气污染协同治理对不同污染类型企业清洁技术创新的影响存在异质性。

随着大气污染协同治理力度的增强，企业原有的竞争力受到冲击，传统的生产技术无法满足严格的环保要求。企业为了获取新的效益增长点，必须加大研发投入，突破技术瓶颈（李广培等，2018）。同时，大气污染协同治理在一定程度上打破了传统市场的产品结构。企业为了扩大自身的市场份额，应该重新调整生产模式，加强产品差别化程度和提升产品质量，这也迫使企业需要增加研发投入。研发投入是技术创新能力转化为现实竞争力的物质基础（Ganotakis and Love，2011）。企业为了保持绿色产品市场的竞争力，会主动将研发资金投向清洁技术研发活动。研发投入的增加有利于满足企业对技术创新的资金需求，可以有效推动企业开展研发活动，进而提高企业清洁技术创新水平（杨武等，2019）。据此，本章提出如下研究假设：

H3：研发投入是大气污染协同治理促进清洁技术创新的正向中介。

大气污染协同治理会促使企业进行清洁技术创新。对于企业而言，资金支持是清洁技术创新的基础动力，政府补贴作为一种政府行为能够给予企业资金或资源上的支持（Wu and Hu，2020）。只有在充足的资金保障下，企业才能维持正常技术研发活动。政府补贴形式是多渠道的，可以通过对企业补贴专项资金、拓宽融资渠道直接影响企业清洁技术创新（李汇东等，2013），还可以通过改善企业技术创新的外部风险，转变企业生产方式，激发技术创新的乘数效应，间接影响企业清洁技术创新（王俊，2010；Song et al.，2020）。此外，政府补贴也释放出一种有利信号，意味着企业进行的清洁技术研发受到政府部门的关注，未来市场拥有较大潜力，这在一定程度上也会影响企业的创新意愿（Kleer，2010；Meuleman and Maese-neire，2012）。据此，本章提出如下假设：

H4：政府补贴能够正向调节大气污染协同治理对清洁技术创新的促进作用。

8.2　模型设定、变量说明与数据来源

8.2.1　计量模型设定

关于评估政策效果传统的方法有两种。第一，比较个体在实施政策前后的变化，但这种方式无法控制随时间变化的不可观测因素对个体的影响；第二，比较受政策影响的个体和不受政策影响的个体在实施政策后的差异，但这种方法未能控制两组个体的异质性。相比于上述两种方法，双重差分模型（difference-in-differences，DID）将研究对象分为实验组与控制组，通过对政策实施前后进行时间趋势上的差分，同时对实验组和控制组之间进行政策实施与否的差分，从而能够有效分离政策的净效应与其他因素的影

响（徐佳和崔静波，2020）。并且双重差分模型还可以在一定程度上缓解反向因果、遗漏变量、测量误差等因素导致的内生性问题。因此，本章通过构建 DID 模型，检验大气污染协同治理政策对清洁技术创新的影响。具体模型如下：

$$ENPAT_{ijkt} = \beta_0 + \beta_1 TREAT_i \times YEAR_t + \rho X + \varepsilon_i + \mu_j + \nu_t + \varepsilon_{ijkt} \quad (8.1)$$

其中，i 表示地区，j 表示行业，k 表示企业，t 表示时间。$ENPAT$ 表示企业清洁技术创新水平。$TREAT$ 表示地区的虚拟变量，如果该地区受到大气污染协同治理的影响，取值为 1，否则取值为 0。本章将三大雾霾污染联防联控重点区域京津冀、长三角、珠三角范围的城市作为实验组，其余地区作为控制组。$YEAR$ 表示政策时间的虚拟变量，由于《大气污染防治行动计划》是 2013 年 9 月正式出台，因此 2013 年及以后取值为 1，2013 年以前取值为 0。X 为一系列控制变量，具体包括企业规模、企业年龄、企业负债、企业高管薪酬和企业经营效率。δ_i、μ_j 和 ν_t 分别表示地区固定效应、行业固定效应和年份固定效应。ε_{ijt} 为随机扰动项。本章重点关注 $TREAT \times YEAR$ 的系数，该系数反映《大气污染防治行动计划》实施前后，试点地区及非试点地区之间进行双重差分后政策的净效应。

模型（8.1）仅探究了大气污染协同治理对企业清洁技术创新的平均影响，不能反映出该政策在不同时间段内对企业清洁技术创新影响差异。为此，本章参考雅科布格等（Jacobson，LaLonde and Sullivan，1993）提出的事件研究法对试点政策的动态效应进行检验，同时也进一步检验本章研究数据是否满足平行趋势假设。本章以《大气污染防治行动计划》实施当年为中心，考察了政策实施前后四年的动态效应，具体模型构建如下：

$$ENPAT_{ijkt} = \beta_0 + \sum_{t=2009}^{t=2017} \beta_t TREAT_i \times YEAR_t + \rho X + \varepsilon_i + \mu_j + \nu_t + \varepsilon_{ijkt}$$

$$(8.2)$$

其中，β_t 为 2009~2017 年的 $TREAT \times YEAR$ 的估计系数，其他变量定义与模型（8.1）相同。

8.2.2 变量说明

8.2.2.1 被解释变量

本章通过观测上市公司清洁技术创新的变动情况来评价《大气污染防治行动计划》的有效性。绿色专利数据更能代表清洁技术创新活动（康鹏辉和茹少峰，2020），本章参考董直庆和王辉（2019）的做法，采用绿色专利授权数作为衡量企业清洁技术创新水平，并进行对数化处理①。

关于绿色专利数据的检索，本章依据《联合国气候变化框架公约》七大分类：交通运输类、废弃物管理类、能源节约类、替代能源生产类、行政监管与设计类、农林类和核电类，并结合世界知识产权组织（WIPO）于2010年推出的"国际专利分类绿色清单"，甄别并提取出上市公司年度绿色专利数据（齐绍洲等，2018）。

8.2.2.2 控制变量

企业规模是企业创新活动的重要影响因素（Bu，Qiao and Liu，2020），企业规模的扩大对企业清洁技术创新能力具有显著促进作用（徐佳和崔静波，2020），为此本章选取企业规模作为控制变量，采用上市公司年末总资产来衡量，并进行对数化处理。依据生命周期理论，企业在不同的发展阶段，其创新能力会有所不同（熊广勤等，2020），所以本章选择了企业年龄作为控制变量，并采取企业成立年限加1之后取对数衡量。企业负债是企业在经营过程中出现的借贷行为，在一定程度上反映市场对企业信用能力的评价（Meuleman and Maeseneire，2012），适度的负债经营有助于企业进行技术设备改善和工艺提升等（齐绍洲等，2018），因而本章选择了企

---

① 为了避免 0 值的影响，对数处理时采取绿色专利授权数量加 1 再取对数的方式，绿色发明型专利数和绿色实用新型专利数也采取同样的处理方法。

业负债作为控制变量，并采用企业年度总负债和总资产的比值来衡量企业负债。适度的薪酬激励能够激发高管对创新资源的配置效率，提高企业创新能力（王旭和王非，2019），于是本章选择了企业高管薪酬作为控制变量，并采用企业中薪酬最高的三位高管的年薪之和来衡量，并进行对数化处理。企业经营效率越高，反映企业盈利能力越强，企业也就越有能力为创新活动提供资金保障以及承担创新活动带来的风险（闫红蕾等，2020）。因此本章选取企业经营效率作为控制变量，并采用企业营业利润占营业收入的比值来衡量。本章选取变量的描述性统计如表 8.1 所示。

表 8.1   **主要变量的描述性统计特征**

变量	指标含义	观测值	平均值	标准差	最小值	最大值
ENPAT	绿色专利	27311	0.1785	0.5508	0	6.6619
INPAT	绿色发明专利	27311	0.0780	0.3573	0	6.4998
UTPAT	绿色实用新型专利	27311	0.1330	0.4595	0	5.6490
AGE	企业年龄	27713	2.6465	0.4224	0	3.9318
LEV	企业负债	27713	0.4815	1.3193	-0.1947	138.3777
PAY	企业高管薪酬	26447	13.9887	0.8106	9.0384	17.3525
SIZE	企业规模	27713	21.8170	1.3253	11.3483	28.5087
OPR	企业经营效率	27680	0.0510	1.8157	-78.5174	181.4945
RD	研发投入	14878	0.0223	0.0261	0	1.2006
SUB	政府补贴	22102	0.0162	0.1705	0	16.5657
LIQ	企业流动比率	27713	2.5222	4.3337	-5.1316	204.7421
CASH	企业现金持有水平	27712	-1.9518	0.9979	-13.4957	9.9494

8.2.3 数据来源

本章以 2004～2017 年中国沪深 A 股上市公司数据作为研究对象。上市公司绿色专利数据来自中华人民共和国国家知识产权局，其他企业层面微观数据来自国泰安数据库（CSMAR）。

8.3　实证结果与分析

8.3.1　命令型环境规制政策清洁技术偏向效应检验结果

依据上文构建的模型（8.1），表8.2报告了大气污染协同治理对企业清洁技术创新影响的回归结果。其中，列（1）与列（2）未加入控制变量，可以看出 *TREAT* 与 *YEAR* 交互项的估计结果分别为0.0356和0.0238，并且在1%和10%的水平下显著；列（3）与列（4）引入控制变量后，*TREAT* 与 *YEAR* 交互项的估计结果分别为0.0497和0.0314，仍通过显著性检验。表8.2的回归结果表明，大气污染协同治理显著促进了企业的清洁技术创新，支持了本章的研究假设 H1。这也与已有文献研究结果相似（齐绍洲等，2018）。对此主要从以下三个方面进行解释。第一，企业为了应对属地的环境规制，避免缴纳排污费等处罚，可能会转移到邻地进行生产。但在大气污染协同治理的"硬约束"下，单纯的转移同样会面临环境污染处罚，这也会迫使企业开展清洁技术创新。第二，企业率先开展清洁技术创新会赢得先发优势，提升自身市场议价能力，在一定程度上可以避免因对环境污染所受到的惩罚（Porter and Linde，1995）。第三，为了达到大气污染协同治理的目标，各地政府必然制定和执行更为严格的环境保护法律法规与相应的激励政策，进而使得企业调整自身的生产模式，放弃传统的粗放生产方式，通过清洁技术创新的方式低污染治理成本。

表 8.2 基准回归结果

变量	（1）	（2）	（3）	（4）
$TREAT \times YEAR$	0.0356 *** （0.0134）	0.0238 * （0.0127）	0.0497 *** （0.0135）	0.0314 ** （0.0128）
$TREAT$	0.0287 *** （0.0093）	0.1384 *** （0.0286）	−0.0052 （0.0099）	0.0860 *** （0.0289）
$YEAR$	0.1236 *** （0.0101）	0.1506 *** （0.0201）	0.0677 *** （0.0110）	0.0787 （0.1010）
AGE			−0.0858 *** （0.0088）	−0.0353 *** （0.0089）
LEV			0.0053 （0.0035）	0.0091 *** （0.0034）
PAY			0.0510 *** （0.0051）	0.0370 *** （0.0054）
$SIZE$			0.0861 *** （0.0029）	0.1056 *** （0.0031）
OPR			−0.0058 ** （0.0023）	−0.0049 ** （0.0022）
常数项	0.0910 *** （0.0068）	0.1436 *** （0.0539）	−2.2284 *** （0.0712）	−2.4198 *** （0.1335）
时间	N	Y	N	Y
行业	N	Y	N	Y
地区	N	Y	N	Y
样本数	27311	27311	26092	26092
R^2	0.0196	0.1304	0.0734	0.1843

注：*、**、*** 分别表示显著性水平为 10%、5%、1%；括号内为城市层面的聚类调整标准差。

就控制变量的回归结果而言，企业年龄与企业清洁技术创新之间呈现负相关关系，这可能是因为成立时间长的企业在前期已经增加了相应的研发资金，开展了清洁技术创新并已达到环保要求，后期不再扩大清洁技术创新方面的研发活动。企业负债与企业清洁技术创新存在正相关关系，这是因为适当的企业负债可以弥补企业技术研发过程中的资金不足，企业可以利用更多的资金开展研发活动。高管薪酬的估计系数显著为正，这是由于适度发高管薪酬可以激发高管对创新资源的配置效率，从而降低企业技术研发失败的风险。企业规模的估计系数显著为正，这主要是因为清洁技术研发需要大量的资金投入，而规模越大的企业在清洁技术创新中投入的资金越多，所以规模大的企业进行清洁技术研发的成果概率越大。企业经营效率的估计系数显著为负，可能是由于企业经营效率提高后获得足额利润，进而降低了清洁技术研发的积极性。

8.3.2 命令型环境规制政策清洁技术偏向效应的动态检验

图 8.1 为大气污染协同治理对清洁技术创新的动态效应检验结果图，绘制了 95% 置信区间下模型（8.2）交互项系数 β_t 的估计结果。图 8.1 可以发现，在《大气污染防治行动计划》实施之前，β_t 的置信区间与 0 轴相交，说明 β_t 估计结果在 2009～2012 年均不显著，表明试点地区和非试点地区在政策实施前不存在明显差异，满足平行趋势假定，进而验证本章运用双重差分模型进行实证分析是合理的。2013～2017 年，β_t 的估计结果均显著为正，意味着大气污染协同治理对清洁技术创新存在着持续的正向影响。从估计系数的大小来看，$TREAT \times YEAR$ 的估计系数呈现出倒 N 形变化趋势。其可能的原因是，企业清洁技术研发与专利的申请需要一定时间，这也就使得在《大气污染防治行动计划》实施后，$TREAT \times YEAR$ 的估计系数出现下降，经过 2 年后其政策效果才达到最大，同时由于专利授权周期一般在 3 年左右（Guan et al.，2016），这也就使得 2017 年政策效果又出现减弱的现象。

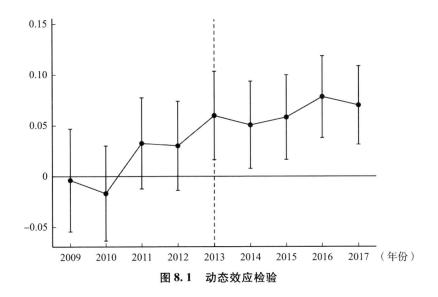

图 8.1　动态效应检验

8.3.3　命令型环境规制政策清洁技术偏向效应的稳健性检验

8.3.3.1　更改窗口期检验

本章将样本时间范围更改为 2009 ~ 2017 年，进而使得政策实施年份之前与之后时间长度一致，重新对模型（8.1）进行参数估计，回归结果如表 8.3 中列（1）和列（2）所示。其中，列（1）未加入控制变量，列（2）中加入了控制变量。更改窗口期检验结果表明，无论模型中是否加入控制变量，$TREAT$ 与 $YEAR$ 交互项的系数均显著为正，表明大气污染协同治理显著地促进了企业清洁技术创新，即支持了基准回归的研究结论。

8.3.3.2　安慰剂检验

本章通过构造虚假政策实施时间和构造虚假实验组两种方式进行安慰

剂检验。第一，构造虚假政策实施时间，本章将《大气污染防治行动计划》实施时间提前 3 年。检验结果如表 8.3 中列（3）和列（4）所示，可以看出，政策实施时间提前 3 年后，$Treat$ 与 $Year$ 交互项系数不显著，即构造虚假政策实施时间后，大气污染协同治理并未对企业清洁技术创新产生显著影响，这表明企业清洁技术创新能力改善的净效应源于大气污染协同治理的推动作用，进而验证基准回归结果是稳健的。第二，构造虚假实验组，本章在全样本中进行 500 次随机抽取实验组，未被抽到的城市视作对照组。然后，按照模型（8.1）进行回归，得到 500 个随机模拟的 $TREAT$ 与 $YEAR$ 交互项系数，将所得系数的核密度分布如图 8.2 所示，图 8.2 中垂直虚线表示表 8.2 中列（4）$TREAT$ 与 $YEAR$ 交互项的真实估计系数（0.0314）。从图 8.2 可以看出，随机抽样的估计系数分布集中在零点附近，并且 0.0314 没有落入随机抽样 500 次后的核密度分布图内。这表明在构造的虚假实验组情况下，企业清洁技术创新未受到显著影响，进一步证明大气污染协同治理可以促进企业清洁技术创新。

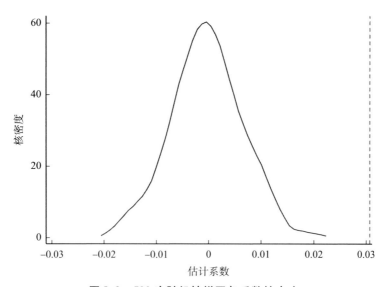

图 8.2　500 次随机抽样回归系数核密度

表 8.3 稳健性检验结果

变量	（1）	（2）	（3）	（4）
TREAT ×*YEAR*	0.0281 * （0.0164）	0.0338 ** （0.0158）		
TREAT ×*YEAR* − *ADVANCE*3			0.0092 （0.0140）	0.0175 （0.0147）
TREAT	0.1445 *** （0.0353）	0.0781 ** （0.0344）	0.1442 *** （0.0298）	0.0896 *** （0.0303）
YEAR	0.0973 *** （0.0208）	0.0326 （0.0204）		
*YEAR-ADVANCE*3			0.1065 *** （0.0204）	0.0542 （0.1010）
AGE		− 0.0366 *** （0.0107）		− 0.0349 *** （0.0089）
LEV		0.0150 ** （0.0068）		0.0091 *** （0.0034）
PAY		0.0530 *** （0.0066）		0.0368 *** （0.0054）
SIZE		0.1154 *** （0.0037）		0.1056 *** （0.0031）
OPR		− 0.0036 （0.0027）		− 0.0048 ** （0.0022）
常数项	0.2053 *** （0.0630）	− 2.7844 *** （0.1090）	0.1405 *** （0.0541）	− 2.4205 *** （0.1335）
时间	Y	Y	Y	Y
行业	Y	Y	Y	Y
地区	Y	Y	Y	Y
样本数	21140	21085	27311	26092
R^2	0.1293	0.1912	0.1303	0.1841

注：*、**、*** 分别表示显著性水平为 10%、5%、1%；括号内为城市层面的聚类调整标准差。

8.4 命令型环境规制政策清洁技术
偏向效应的异质性分析

基准回归考察了大气污染协同治理对企业清洁技术创新的影响，但考虑到不同类型绿色专利的研发难易程度及审批条件等因素可能存在差异，企业间的污染程度也是不同的，进而大气污染协同治理对不同类型绿色专利和不同类型企业的影响效果可能存在异质性。因此，本章进一步进行了专利异质性和企业异质性分析。

8.4.1 命令型环境规制政策清洁技术偏向效应的专利异质性

首先考察专利的异质性，本章参考已有研究将绿色专利分为发明专利和实用新型专利（齐绍洲等，2018；徐佳和崔静波，2020；李青原和肖泽华，2020；方先明和那晋领，2020），并使用绿色发明专利授权量和绿色实用新型专利授权量来衡量，然后采用双重差分模型检验大气污染协同治理对不同类型绿色专利的影响，具体回归结果如表8.4所示。从表8.4可以发现，双重差分项的系数仅在绿色实用新型专利中显著为正。这表明大气污染协同治理仅诱发了试点地区的绿色实用新型专利授权量的提升，并未对绿色发明专利产生显著影响。这可能是由于以下两个方面原因。一方面，绿色发明专利的研发成本较高，并且审批严格，从申请到授权需要较长时间。而《大气污染防治行动计划》是一个短期计划，多数企业为满足"达标"要求和获取政府资源，而将研发资金更多地投入到绿色实用新型专利上，进而导致企业在追求清洁技术创新的过程中出现"增量减质"的现象。另一方面，中国在清洁技术创新方面起步较晚，绿色创新能力不足（董直庆和王辉，2019）。对于创新能力较弱的企业而言，其技术创新成功与否存在不确定性，即使政府部门采用相应的环境规制也可能无法提高清洁技术创新的质量。本章的这一结果与陶锋等（2021）的研究结论也具有一致性。陶锋等（2021）利用双重差分模型分析环保目标责任制对企业清洁技术创新的影响，发现环保目标责任制虽然促进企业绿色专利总量的提升，却导致绿色专利质量的下滑。

8.4.2 命令型环境规制政策清洁技术偏向效应的企业异质性

本章依据 2008 年环境保护部制定的《上市公司环保核查行业分类管理名录》，将煤炭、采矿、纺织、制革、造纸、石化、制药、化工、冶金、火电等 16 个重污染行业的上市公司归类为重污染企业，其余行业企业作为非重污染企业（倪娟和孔令文，2016）。随后，采用双重差分模型检验大气污染协同治理如何影响不同污染程度企业的清洁技术创新，具体回归结果如表 8.4 所示。表 8.4 结果显示，非重污染企业双重差分项的系数显著为正，而重污染企业双重差分项系数不显著。这意味着大气污染协同治理能够有效促进非重污染企业的清洁技术创新，而对重污染企业清洁技术创新未能产生显著影响。对于这一结果本章从两个方面进行解释。一方面，非重污染企业的"遵循成本"效应较低，加之政府绿色补贴的激励，充足的研发资金促使非重污染企业更有能力和机会实现清洁技术创新。另一方面，在严格的环境监管下，重污染企业的成本增加效应会更加明显，进而挤占了清洁技术创新资金，加之市场需求开始转向绿色产品，使得重污染企业市场份额受到严重影响，利润下降导致企业无法持续投入研发资金，进而使得大气污染协同治理对重污染企业清洁技术创新影响效果不显著。

表 8.4　　　　　　　　　　　　异质性检验结果

变量	专利异质性		行业异质性	
	绿色发明专利	绿色实用新型专利	非重污染企业	重污染企业
$TREAT \times YEAR$	0.0039 (0.0085)	0.0320 *** (0.0108)	0.0435 *** (0.0159)	0.0186 (0.0219)

续表

变量	专利异质性		行业异质性	
	绿色发明专利	绿色实用新型专利	非重污染企业	重污染企业
TREAT	0.0572 *** (0.0192)	0.0573 ** (0.0245)	0.1496 *** (0.0403)	− 0.0057 (0.0431)
YEAR	0.0330 (0.0670)	0.0570 (0.0856)	− 0.0494 (0.1355)	0.2770 * (0.1461)
AGE	− 0.0141 ** (0.0059)	− 0.0262 *** (0.0076)	− 0.0212 ** (0.0106)	− 0.0883 *** (0.0168)
LEV	0.0051 ** (0.0022)	0.0074 *** (0.0028)	0.0325 *** (0.0095)	0.0075 ** (0.0034)
PAY	0.0160 *** (0.0036)	0.0276 *** (0.0046)	0.0704 *** (0.0067)	− 0.0315 *** (0.0091)
SIZE	0.0617 *** (0.0021)	0.0829 *** (0.0027)	0.0907 *** (0.0039)	0.1303 *** (0.0054)
OPR	− 0.0030 ** (0.0015)	− 0.0036 * (0.0019)	− 0.0032 (0.0025)	− 0.0076 (0.0051)
常数项	− 1.4855 *** (0.0885)	− 1.8241 *** (0.1131)	− 2.5964 *** (0.1711)	− 2.2758 *** (0.2047)
时间	Y	Y	Y	Y
行业	Y	Y	Y	Y
地区	Y	Y	Y	Y
样本数	26092	26092	18333	7759
R^2	0.1467	0.1613	0.1756	0.2420

注：* 、 ** 、 *** 分别表示显著性水平为10% 、5% 、1% ；括号内为城市层面的聚类调整标准差。

8.5 命令型环境规制政策清洁技术偏向效应的机制检验

前文基于《大气污染防治行动计划》的准自然实验场景，通过构建双重差分模型，就大气污染协同治理对企业清洁技术创新的影响进行了深入分析和一系列稳健性检验，验证了大气污染协同治理对企业清洁技术创新的积极作用。此外，还从专利异质性和企业异质性的角度考察了大气污染协同治理影响效果的差异性。那么，大气污染协同治理能够通过何种渠道促进企业技术创新？本章从政府补贴和研发投入两种渠道进行机制检验。

8.5.1　政府补贴的调节效应

为了检验政府补贴的调节效应，本章构建如下模型：

$$ENPAT_{ijkt} = \beta_0 + \beta_1 TREAT_i \times YEAR_t + \beta_2 TREAT_i \times YEAR_t \times SUB_{ijkt}$$
$$+ \beta_3 SUB_{ijkt} + \delta_i + \mu_j + \upsilon_t + \varepsilon_{ijkt} \tag{8.3}$$

其中，SUB 为政府补贴，采用企业政府补助和企业营业收入的比值衡量，其余变量定义与模型（8.1）相同。本章重点关注 $TREAT \times YEAR \times SUB$ 的估计系数。如果显著为正，说明政府补贴可以正向调节大气污染协同治理对清洁技术创新的影响；如果显著为负，则说明政府补贴可以负向调节大气污染协同治理对清洁技术创新的影响。调节效应检验结果如表 8.5 列（1）所示。

表 8.5　　　　　　　　　　　　影响机制检验结果

变量	(1)	(2)	(3)
	ENPAT	RD	ENPAT
TREAT ×YEAR	0.0274 * （0.0150）	0.0016 * （0.0009）	0.0303 * （0.0176）
TREAT	0.0876 *** （0.0328）	0.0054 *** （0.0017）	0.1238 ** （0.0605）
YEAR	− 0.2460 （0.5313）	0.0035 * （0.0021）	0.0662 ** （0.0322）

续表

变量	（1）	（2）	（3）
	ENPAT	*RD*	*ENPAT*
RD			1.4601 ** （0.5543）
AGE	− 0.0396 *** （0.0102）		− 0.0279 （0.0226）
LEV	0.0005 （0.0183）		0.0060 （0.0792）
PAY	0.0488 *** （0.0064）	0.0067 *** （0.0004）	0.0762 *** （0.0245）
SIZE	0.1159 *** （0.0039）	− 0.0040 *** （0.0002）	0.1467 *** （0.0295）
OPR	− 0.0228 ** （0.0098）	− 0.0044 *** （0.0009）	− 0.0440 （0.0399）
LIQUIDITY		− 0.0001 *** （0.0000）	
CASH		0.0015 *** （0.0003）	
TREAT ×YEAR ×SUB	0.3300 * （0.1899）		
SUB	0.0155 （0.0230）		
常数项	− 2.4571 *** （0.5402）	0.0020 （0.0060）	− 3.8852 *** （0.8220）
时间	Y	Y	Y
行业	Y	Y	Y
地区	Y	Y	Y
样本数	21752	14851	14789
R²	0.1861	0.1955	0.2012

注：*、**、*** 分别表示显著性水平为10%、5%、1%；括号内为城市层面的聚类调整标准差。

表 8.5 中列（1）结果表明，*TREAT* × *YEAR* × *SUB* 的估计系数显著为正，这表明政府补贴能够正向调节大气污染协同治理对企业清洁技术创新的促进作用。可能的原因在于以下三个方面：第一，政府补贴能够缓解企业治理大气污染费用对研发资金的挤出效应，同时降低企业因沉没成本过多导致的外部风险，从而有助于提高企业的绿色创新意愿，改变企业研发投资决策行为促进企业清洁技术创新；第二，政府补贴作为政府部门激励企业进行创新活动而给予的无偿资金支持，可以有效降低企业在清洁技术创新过程中发生资金链断裂的潜在风险，缓解创新活动存在的风险与收益失衡问题（吴建祖和华欣意，2021）；第三，政府部门给予企业财政补贴，在一定程度上拓宽了企业外部融资渠道，降低企业清洁技术研发过程中融资约束带来的不利影响（郭玥，2018）。同时，在大气污染治理问题上政府加大补贴力度，也释放出积极的信号会引导企业绿色转型升级，加快清洁技术研发。

8.5.2 研发投入的中介效应

为了检验研发投入的中介效应，本章构建如下模型：

$$ENTAT_{ijkt} = \beta_0 + \beta_1 TREAT_i \times YEAR_t + \rho X + \delta_i + \mu_j + \upsilon_t + \varepsilon_{ijkt} \quad (8.4)$$

$$RD_{ijkt} = \eta_0 + \eta_1 TREAT_i \times YEAR_t + \varpi Y + \delta_i + \mu_j + \upsilon_t + \varepsilon_{ijkt} \quad (8.5)$$

$$ENPAT_{ijkt} = \varphi_0 + \varphi_1 TREAT_i \times YEAR_t + \varphi_2 RD_{ijkt}$$
$$+ \lambda X + \delta_i + \mu_j + \upsilon_t + \varepsilon_{ijkt} \quad (8.6)$$

其中，模型（8.4）与模型（8.1）相同，因此估计结果也与前文一致。模型（8.5）中 *RD* 表示研发投入，采用企业研发投入和企业总资产的比值来衡量。*Y* 为影响研发投入的一系列控制变量，包含企业高管薪酬、企业规模、企业经营效率、企业流动比率和企业现金持有水平。其中，企业流动比率采用企业流动资产和流动负债的比值来衡量，企业现金持有水平采用货币资金和总资产的比值取对数来衡量，其他变量定义与前文一致。

本章采用巴伦和肯尼（Baron and Kenny，1986）提出的依次检验回归系数的方法判断中介效应是否显著。首先，对模型（8.4）进行参数估计，检验 β_1 的显著性；其次，对模型（8.5）进行回归，检验 η_1 的显著性；最后，对模型（8.6）进行回归，如果 β_1、η_1 和 φ_2 都显著，则表明存在中介效应。在此基础上，若 φ_1 不显著，表明这是一种完全中介效应，若 φ_1 显著且小于 β_1，说明这是部分中介效应。具体回归结果见表8.5第（2）列和第（3）列。

从表8.2中列（4）可以得知，大气污染协同治理显著促进企业清洁技术创新。表8.5中的列（2），*TREAT* 与 *YEAR* 交互项系数在10%的水平上显著为正，意味着大气污染协同治理对企业研发投入具有显著正向影响；列（3）中，*TREAT* 与 *YEAR* 交互项和研发投入系数均显著为正，并且 φ_1 小于 β_1。这表明大气污染协同治理对企业清洁技术创新的影响有一部分是通过研发投入实现的，这主要源于两个方面因素的影响。一方面，在严格的环境规制条件下，企业意识到非绿色生产行为无法达到环保要求，不利于长远发展，需要加大研发资金投入实现技术升级，改变传统的粗放式生产模式。而研发资金是影响技术创新活动的关键因素，随着企业研发投入的增加，清洁技术创新的速度也得到提升。另一方面，《大气污染防治行动计划》明确要求，对恶意排污、造成重大污染危害的企业及其相关负责人追究刑事责任的内容，加大对违法行为的处罚力度。企业是以利润最大化为目标的，为了避免由污染排放造成的损失和处罚，企业能够充分认识到绿色生产的重要性。为此，会加大研发投入对原有技术进行升级与创新，最终实现清洁技术进步。

8.6 本章小结

为了检验命令型环境规制政策的清洁技术偏向效应，本章将《大气污染防治行动计划》视为准自然实验，基于 2004～2017 年沪深 A 股上市公司数据，通过构建双重差分模型就大气污染协同治理对企业清洁技术创新的影响进行深入分析。结果表明，大气污染协同治理能够显著促进企业清洁技术创新，并且大气污染协同治理对清洁技术创新存在着持续的正向影响。本章通过构造虚假政策实施时间和构造虚假实验组两种方式进行安慰剂检验结果依然稳健。专利异质性分析显示，大气污染协同治理对企业绿色实用新型专利的促进效应要优于绿色发明专利。企业异质性分析显示，大气污染协同治理对非重污染企业的清洁技术创新的诱发效果较为明显，对重污染企业清洁技术创新未产生显著影响。本章还从研发投入和政府补贴两种渠道进行机制检验。结果表明，大气污染协同治理能够迫使企业增加研发投入进而促进企业清洁技术创新。政府补贴可以增强大气污染协同治理对企业绿色创新的促进效应。

第9章

环境规制和清洁技术偏向对工业绿色转型的空间影响

　　工业化助力中国经济实现快速增长，但也造成了严重的环境污染问题。"十三五"以来，虽然我国工业能效水平不断提升，钢铁行业、电解铝、水泥行业在淘汰落后产能方面取得显著成效。但是，传统行业占据较高比重，能源结构中煤炭占比保持高位水平，并且能源效率偏低的状况并没有得到有效改善。一些重点区域、重点行业尚未摆脱高污染、高耗能的工业发展模式，污染问题仍然比较严重。随着绿色发展理念不断深入人心，科技含量高且低碳节能的产品日益受到市场青睐。为此，在应对环境污染问题上，环境规制成了政府部门关注的重点（林春艳等，2019）。"十四五"工业绿色发展规划强调，要坚持把创新作为第一驱动力，强化科技创新和制度创新，优化创新体系，激发创新活力，加快绿色低碳科技革命，培育壮大工业绿色发展新动能，以实现工业行业经济增长与环境质量相容发展的目标。可见，清洁技术也被视为治理污染难题的有效手段（李风琦和龚娟，2021）。当前，经济新发展格局下，中国地区间技术市场分割普遍存在（刘志彪和孔令池，2021），而清洁技术往往被视为地区发展的关键性技术成果，因此与传统技术创新相比，清洁技术的分享与学习机制会受到更大影响。同时，工业企业更多存在于非清洁生产部门，主要依赖非清洁技术进行生产活动，导致清洁技术创新激励不足（王林辉等，2020）。那么，清洁技术偏向对"本地—邻地"工业绿色转型的作用效应如何？环境规制能否影响邻地工业绿色转型？此外，环境规制作为解决市场经济负外部性的有效工具（Acemoglu，Aghion and Bursztyn，2012），又能否会影响清洁技术偏向对工业绿色转型的作用效果？回答上述问题对于正确认识中国工业绿色转型过程，并有针对性地提出工业绿色转型合理化建议具有重要意义。

本章的边际贡献在于：首先，本章从"本地-邻地"视角阐释了环境规制和清洁技术偏向对工业绿色转型的空间影响机制；其次，有别于以往研究仅局限于环境规制与工业绿色转型的线性空间效应，本章构建非线性空间杜宾模型探讨了环境规制与工业绿色转型的非线性空间关系；最后，本章通过构建基于空间计量技术的调节效应模型，检验环境规制与清洁技术偏向的交互影响是否存在本地效应和邻地效应。

9.1 机理分析与假说提出

环境规制对工业绿色转型的影响效果依赖于"创新补偿效应"和"遵循成本效应"的相对大小。政府部门通过施加环境监管不仅迫使企业减少污染排放，也能够淘汰排污严重且生产率较低的企业，留下生产率较高的清洁型企业（黄庆华等，2018）。同时，随着环境规制强度的增加，企业为了减少排污处罚也会增加清洁技术创新研发投入，改进生产工艺，提高治污能力，此时"创新补偿效应"大于"遵循成本效应"，从而有助于工业绿色转型（孙海波和刘忠璐，2021）。但是，当环境规制强度超过某一临界水平后，过于严格的环境规制会增加企业生产负担，挤占企业清洁技术研发投入，这就造成了企业的"成本损失"，对绿色全要素生产率产生负面影响。

在严格环境规制约束下，自身清洁技术创新能力不足的污染型企业，无法通过"创新补偿效应"弥补"遵循成本效应",受利益最大化目标驱动,企业为降低成本会进行重新选址(Becker and Henderson,2000)。由于地区之间的环境规制强度往往不能同步变化,在邻地环境规制较为宽松的情况下,这就会导致邻地成为污染产业的承接地(董直庆和王辉,2019)。对于邻地而言,由于承接了转移来的污染产业,使得邻地产业结构朝向非清洁化发展,进而无法对工业绿色转型起到示范与带动作用。但长期来看,无论政府部门还是居民对环境质量要求越来越高,邻地的环境监管也会趋于更加严格,使得污染型企业转入的成本越来越高,最终导致污染企业退出清洁型企业存活。这也会对本地工业绿色转型产生示范与带动作用,有利于本地工业绿色全要素生产率提升。据此,提出如下研究假设:

H1:环境规制本地效应对工业绿色转型呈现"先扬后抑"的影响,而环境规制邻地效应对工业绿色转型呈现"先抑后扬"的影响。

工业绿色转型是指工业迈向"能源资源利用集约、污染物排放减少、环境影响降低、劳动生产率提高、可持续发展能力增强"的过程(中国社会科学院工业经济研究所课题组和李平,2011)。技术创新为工业绿色转型提供了全方位支撑,尤其是清洁技术创新对企业的清洁生产和污染减排都具有重要作用,从而也有效地推动了工业绿色转型(彭星和李斌,2016)。与传统技术创新相比,清洁技术创新存在垄断程度高的特点,这不利于技术成果的分享。加之当前中国清洁技术存量较低,多数地区正处于清洁技术的积累阶段。在非清洁技术占优的生产环境中,其空间溢出效应难以显现。此外,由于清洁技术研发成本较高,邻地企业会存在"搭便车"的心态,过于依赖本地企业的技术创新,导致其自身主动创新动力不足(李风琦和龚娟,2021)。这也会导致邻地清洁技术偏向的邻地效应无法促进本地工业绿色转型。据此,提出如下研究假设:

H2：清洁技术偏向的本地效应对工业绿色转型的具有促进作用，其邻地效应对工业绿色转型作用效果不明显。

由于经济活动的负外部性，企业的生产活动会导致环境污染问题（吴磊等，2020）。为此，政府部门通过制定环境政策约束企业的生产活动，以实现改善环境质量的目的。对于本地企业而言，随着清洁技术创新研发投入的增加，使得本地清洁技术创新占比增加，从而促进本地工业绿色转型。从创新异质性角度看，企业会选择先研发难度较低、回报较快的实用新型清洁技术创新，以获得创新收益。但是伴随实用新型清洁技术创新边际效用递减，政府部门对企业环保水平要求逐渐提高，实用新型清洁技术创新难以作为企业绿色转型的核心驱动力。同时，严格的环境规制会额外增加企业排污成本，这也迫使企业转向发明型清洁技术创新。高质量的清洁技术不仅能够弥补研发成本和减排成本，还能有效减少污染排放，从而推动本地工业绿色转型。虽然环境规制能够影响企业技术研发选择，但短期内也无法缓解清洁技术创新存量较低的局面，进而使得邻地环境规制对清洁技术创新的影响无法有效传导到本地。据此，提出如下研究假设：

H3：环境规制能够强化清洁技术偏向对本地工业绿色转型的促进作用，但邻地的环境规制对清洁技术偏向的影响不能传导到本地。

9.2　模型设定、变量说明与数据来源

9.2.1　计量模型设定

现有研究已经表明，工业绿色转型具有较强的空间依赖性（黄磊和吴

传清，2019）。空间计量模型能够很好地解决变量之间以及空间单元之间存在的依赖关系（张可云和杨孟禹，2016）。其中，空间杜宾模型（SDM）兼具空间自回归（SAR）模型和空间误差模型（SEM）的特点，能够更为有效地解决系数估计的偏误问题（Lesage and Pace，2009）。因此，本章构建空间杜宾模型检验环境规制、清洁技术偏向对工业绿色转型的空间影响，具体模型设定如下：

$$GTFP_{it} = \sigma_0 WGTFP_{it} + \beta_1 ER_{it} + \beta_2 ER_{it}^2 + \beta_3 CT_{it} + \beta_4 X_{it}$$
$$+ \theta_1 WCT_{it} + \theta_2 WER_{it} + \theta_3 WER_{it}^2 + \theta_4 WX_{it} + \varepsilon_{it} \quad (9.1)$$

其中，$GTFP_{it}$ 表示 i 省份 t 年的工业绿色转型程度；ER_{it} 表示环境规制强度，考虑到环境规制与工业绿色转型之间可能并非简单的线性关系，因此本章将环境规制的平方项引入模型；CT_{it} 表示清洁技术偏向程度；W 是空间权重矩阵；ε_{it} 表示随机扰动项；σ 反映的是邻地的工业绿色转型对本地工业绿色转型的影响；β 为本地变量对本地工业绿色转型的影响系数，用以检验变量的本地效应；θ 为邻地变量对本地工业绿色转型的影响系数，用以检验邻地效应。X 为一系列控制变量，具体包括：经济增长水平（$GDPR$）、产业结构（STR）、政府支出水平（GOV）、城市化水平（URB）。本章所选用的变量与数据来源与上一章完全一致。

9.2.2 空间权重矩阵

在采用空间计量模型分析问题时，我们需要借助空间权重矩阵来检验经济变量之间的空间交互性和空间依赖性（上官绪明，2018）。空间权重矩阵的设定将直接影响空间计量模型参数估计的准确与否，单独采用一种空间权重矩阵不能准确反映变量之间的空间相关关系。因此，为全面考察清洁技术创新与环境规制对工业绿色转型的空间溢出效应，并且保证研究结果的稳健性，本章在基准回归和稳健性检验中使用了邻接权重矩阵（W_G）、经济距离权重矩阵（W_E）和经济地理距离权重矩阵（W_{GE}）。

邻接权重矩阵是根据地区 i 与地区 j 之间地理位置是否相邻进行判定，具体构建原则如下：

$$W_{ij}^1 = \begin{cases} 0, & \text{如果地区 } i \text{ 与地区 } j \text{ 不相邻} \\ 1, & \text{如果地区 } i \text{ 与地区 } j \text{ 相邻} \end{cases} \qquad (9.2)$$

经济距离权重矩阵根据地区 i 与地区 j 之间人均收入水平差距绝对值的倒数来确定，具体构建原则如下：

$$W_{ij}^2 = \begin{cases} 0, & \text{如果 } i = j \\ 1/|\bar{Y}_i - \bar{Y}_j|, & \text{如果 } i \neq j \end{cases} \qquad (9.3)$$

其中，$\bar{Y}_i = \sum\limits_{t=T_0}^{T} Y_{it}/(T - T_0)$，$Y_{it}$ 代表地区 i 第 t 年的实际人均 GDP。

经济地理距离权重矩阵根据地区 i 与地区 j 之间的经济距离和地理距离来确定，具体构建原则如下：

$$W_{ij}^3 = W_{ij}^2 \times D_{ij} \qquad (9.4)$$

其中，$D_{ij} = 1/E_{ij}$，E_{ij} 为地区 i 与地区 j 之间的经纬度距离。

9.2.3 变量说明

9.2.3.1 被解释变量

工业绿色转型（$GTFP$），采用工业绿色全要素生产率衡量。托恩（Tone，2003）定义的 SBM 方向性距离函数不需要考虑径向和角度的选择，能够充分考虑投入和产出的松弛性，同时解决了非期望产出下的效率问题。但 SBM 模型测度的效率只能刻画各个生产单元与生产边界的相对关系。为此，本章利用前文介绍的方法测算工业绿色转型水平。

9.2.3.2 核心解释变量

清洁技术偏向（CT），参考王林辉等（2020）的方法，选择地区绿色发明专利和绿色实用新型专利授权量的总和与全部专利授权量的比值表示。原因在于：第一，专利授权量相比专利申请量，更能够反映地区的技术创新能力（张杰等，2016）。第二，相对于单纯的绿色专利数量，绿色专利与全部专利的比值不仅能够反映清洁技术创新水平，还可以反映创新偏向清洁技术的程度（王班班和赵程，2019）。

9.2.3.3 控制变量

（1）环境规制水平（*ER*），借鉴郭然和原毅军（2020）的做法，选取工业固体废物综合利用率、工业废气的治理设施运行费与其排放量比值、工业废水的治理设施运行费与其排放量比值，运用熵值法测算得到综合的环境规制水平。

（2）经济增长水平（*GDPR*），采用国内生产总值的增长率衡量。

（3）产业结构（*STR*），选择第三产业产值占国内生产总值的比值来衡量。

（4）政府支出水平（*GOV*），选用政府一般公共预算支出占地区 GDP 比重来表示。

（5）城市化水平（*URB*），使用各地区城镇人口与其年末总人口之比作为代理变量。

9.2.4 数据来源

鉴于数据的一致性和连贯性，本章选用了 2004～2017 年剔除西藏后的中国省级面板数据。此外，涉及市场价值的数据，均运用相关价格指数平减至基期 2004 年。其中，省级的专利数据来自中华人民共和国国家知识产权局，其他数据来自《中国统计年鉴》《中国工业经济统计年鉴》《中国能源统计年鉴》，以及 EPS 数据平台。

9.3 实证结果与分析

9.3.1 空间相关性检验

在进行空间计量分析之前，我们需要对变量是否存在空间相关性进行检验。本章采用全局莫兰指数（Moran's I）进行空间相关性检验，莫兰指数统计量表达式如下：

$$I = \frac{n \sum\limits_{i=1}^{n} \sum\limits_{j=1}^{n} W_{ij}(x_i - \bar{x})(x_j - \bar{x})}{\left(\sum\limits_{i=1}^{n} \sum\limits_{j=1}^{n} W_{ij}\right) \sum\limits_{i=1}^{n}(x_i - \bar{x})^2} \tag{9.5}$$

上式中，$\bar{x} = \sum\limits_{i=1}^{n} x_i / n$，$x_i$ 和 x_j 分别表示地区 i 与地区 j 样本的观测值；W_{ij} 为空间权重矩阵对应位置元素。$I \in [-1, 1]$，$I \to 1$ 说明经济变量的空间正相关程度越强，$I \to -1$ 表明经济变量的空间负相关程度越强；$I \to 0$ 则表明经济变量不存在空间自相关。

本章通过莫兰指数判别环境规制、清洁技术偏向与工业绿色转型的空间相关性，结果报告于表 9.1。从表 9.1 可以看出，表中报告环境规制、清洁技术偏向与工业绿色转型的莫兰指数均在 1% 的水平上显著，这表明核心变量存在显著的空间相关性，因此选用空间计量模型进行研究是有必要的。

表 9.1　　　　　　　　　　　　　　　空间相关性检验

变量	I	E(I)	SD(I)	Z 值	P 值
ER	0.485	−0.002	0.033	14.829	0.000
CT	0.342	−0.002	0.033	10.464	0.000
GTFP	0.396	−0.002	0.032	12.256	0.000

9.3.2 环境规制与清洁技术偏向对工业绿色转型的空间效应

首先，本章通过 Hausman 检验判断应该采用固定效应模型还是随机效应模型；然后，通过 Wald 检验和 Lratio 检验判断 SDM 模型是否退化为 SAR 模型和 SEM 模型。具体检验结果如表9.2 所示，Hausman 检验均拒绝了采用随机效应的原假设，Wald 检验与 Lratio 检验分别拒绝了 SDM 模型退化为 SAR 模型和 SEM 模型。由此可以确定应选择包含固定效应的 SDM 模型进行基准回归，具体回归结果如表9.3 所示。

表9.2   空间模型检验结果

Hausman 检验系数	Wald 检验	Lratio 检验
30.05 **	55.90 ***	58.92 ***
29.87 **	57.56 ***	59.04 ***
32.84 ***	63.13 ***	72.19 ***

注：*、** 和 *** 分别表示显著性水平为10%、5%和1%。

表9.3 中，从本地环境规制对工业绿色转型的影响中可以发现，环境规制的一次项和二次项系数均在1%的水平上显著且依次为正和负，表明本地环境规制与工业绿色转型之间表现为先促进后抑制的特征。原因在于，当环境规制水平处于低位时，环境规制能够有效激励企业进行清洁技术研发，创新带来的收益能够抵消较低的污染治理成本。当环境规制强度高于拐点值，企业面临高额的污染治理成本，加重了企业生产负担，并挤出清洁技术研发投入，此时环境规制的"创新补偿效应"弱于"遵循成本效应"，以致阻碍工业绿色转型。从邻地环境规制对工业绿色转型的影响中可以看出，邻地的环境规制对本地工业绿色转型表现为先抑制后促进的特征。对此，本章提出如下可能的解释：当邻地环境规制强度较弱的情况下，大

量污染企业会转移到邻地，这虽能够促进迁入地的经济增长，但会严重损害当地环境质量，无法对本地工业绿色转型起到示范作用。伴随邻地环境规制进一步加强，将倒逼企业开展清洁技术创新，从而推动邻地工业绿色转型，这在一定程度上对本地工业绿色转型起到带动作用。从表9.3还可以发现，清洁技术偏向对本地的工业绿色转型表现出显著的促进作用，其邻地效应对工业绿色转型作用效果不明显。这可能是因为：第一，本地企业选择了清洁技术，从本质上改变传统的生产模式，必然会推动本地区工业绿色转型；第二，本地与邻地均受技术存量影响，难以凸显清洁技术创新的空间溢出效应；第三，高额的研发成本会导致企业会存有"搭便车"的心态，过于依赖本地企业的技术创新，也会导致清洁技术创新的邻地效应对工业绿色转型影响不显著。

表9.3 基准回归结果

变量	本地效应			邻地效应		
	（1）	（2）	（3）	（4）	（5）	（6）
CT	3.689 * （2.217）			1.049 （4.567）		
CT_UIT		5.012 * （2.752）			5.821 （5.466）	
CT_INV			1.793 （4.264）			−9.441 （9.216）
ER	0.970 *** （0.288）	0.987 *** （0.287）	0.964 *** （0.289）	−1.344 *** （0.429）	−1.320 *** （0.427）	−1.441 *** （0.428）
ER2	−0.210 *** （0.0638）	−0.213 *** （0.0636）	−0.210 *** （0.0639）	0.376 *** （0.105）	0.372 *** （0.105）	0.394 *** （0.105）
STR	−3.669 *** （1.021）	−3.778 *** （1.013）	−3.462 *** （1.026）	5.537 *** （1.462）	5.560 *** （1.454）	5.789 *** （1.466）
GOV	−0.0402 （1.240）	0.00220 （1.226）	0.233 （1.235）	−2.771 （1.729）	−2.828 * （1.707）	−2.571 （1.740）

续表

变量	本地效应			邻地效应		
	(1)	(2)	(3)	(4)	(5)	(6)
URB	-1.190 (1.306)	-1.281 (1.306)	-1.262 (1.304)	7.392*** (1.909)	6.934*** (1.927)	7.789*** (1.894)
GDPR	-3.384* (1.752)	-3.407* (1.750)	-3.704** (1.747)	8.404*** (2.362)	8.624*** (2.337)	7.917*** (2.327)
Spa-rho	0.332*** (0.050)	0.327*** (0.050)	0.339*** (0.049)			
样本数	420	420	420	420	420	420

注：*、**和***分别表示显著性水平为10%、5%和1%；括号内为标准差。

当前文献多采用绿色专利来衡量清洁技术创新水平，并且在研究过程中将绿色专利分为绿色发明专利和绿色实用新型专利（齐绍洲等，2018；李青原和肖泽华，2020；方先明和那晋领，2020）。绿色实用新型专利具有研发成本较低且申请授权时间更短的特点，而绿色发明专利研发成本高、周期长、审批严格，从申请到授权需要较长时间，并且创新失败的风险大。考虑到不同类型清洁技术偏向可能对工业绿色转型影响差异较大，本章利用实用新型清洁技术创新占比反映实用新型清洁技术偏向（CT_UIT）与发明型清洁技术创新占比反映发明型清洁技术偏向（CT_INV）进行了异质性检验。在本地效应中，CT_UIT 的系数为正，并在10%的水平上显著，CT_INV 的估计系数不显著。这表明实用新型清洁技术创新占比越大对本地工业绿色转型的促进作用越明显，但发明型清洁技术偏向未能对本地工业绿色转型产生显著影响。一方面，实用新型清洁技术创新研发难度相对较低，大量企业开展这方面技术的研发，最终凭借数量优势能够对工业绿色转型产生正向影响；另一方面，发明型清洁技术创新的研发成本较大，在没有环境约束的情况下，企业会更倾向于追求发明专利的经济增长能力，而非环境改善能力，导致发明型清洁技术创新中的"清洁能力"低下，从而难以满足推动工业绿色转型的条件。在邻地效应中，*CT_UIT* 和 *CT_INV* 的空间溢出效应均不明显。一方面，多数企业将清洁技术创新视为核心技术，这导致清洁技术创新相比传统技术创新具有更深程度的技术垄断，其学习和分享渠道严重受阻；另一方面，虽然中国清洁技术创新发展迅速，但污染型技术存量占比仍居高位，而在非清洁技术占优的生产环境中，清洁技术的溢出效应难以显现。

9.3.3 环境规制与清洁技术偏向空间效应的稳健性检验

由于空间权重矩阵对空间计量模型的估计结果影响很大，为此本章通过将邻接权重矩阵更换为经济距离权重矩阵和经济地理距离权重矩阵，重新对模型（9.1）进行回归，以确保本章实证结果的稳健性，具体结果如表 9.4 所示。表 9.4 中的结果显示，与基准回归相一致。

表 9.4　　　　　　　　　　　稳健性检验结果

变量		经济距离矩阵			经济地理距离矩阵		
		（1）	（2）	（3）	（4）	（5）	（6）
本地效应	*CT*	4.334* （2.213）			4.335* （2.213）		
	CT_UIT		4.768* （2.788）			4.765* （2.788）	
	CT_INV			1.998 （4.313）			1.997 （4.313）
	ER	1.010*** （0.300）	1.033*** （0.289）	0.999*** （0.291）	1.009*** （0.300）	1.033*** （0.289）	0.999*** （0.291）
	ER2	−0.215*** （0.066）	−0.220*** （0.064）	−0.215*** （0.064）	−0.215*** （0.066）	−0.219*** （0.064）	−0.215*** （0.064）
	Control	Y	Y	Y	Y	Y	Y

续表

变量		经济距离矩阵			经济地理距离矩阵		
		（1）	（2）	（3）	（4）	（5）	（6）
邻地效应	CT	0.629 （3.396）			0.629 （3.395）		
	CT_UIT		6.528 （4.246）			6.528 （4.244）	
	CT_INV			-9.126 （8.052）			-9.126 （8.050）
	ER	-1.280 *** （0.408）	-1.106 *** （0.399）	-1.236 *** （0.400）	-1.279 *** （0.408）	-1.105 *** （0.399）	-1.235 *** （0.400）
	ER2	0.357 *** （0.096）	0.276 *** （0.094）	0.301 *** （0.094）	0.356 *** （0.096）	0.276 *** （0.094）	0.301 *** （0.094）
	Control	Y	Y	Y	Y	Y	Y
Spa-rho		0.283 *** （0.047）	0.295 *** （0.046）	0.307 *** （0.046）	0.283 *** （0.047）	0.295 *** （0.046）	0.307 *** （0.046）
样本数		420	420	420	420	420	420

注：*、** 和 *** 分别表示显著性水平为10%、5%和1%；括号内为标准差。

9.3.4　环境规制与清洁技术偏向对工业绿色转型的空间交互影响

为了检验环境规制与清洁技术偏向的交互影响是否存在本地效应和邻地效应，本章在模型（9.1）基础上引入环境规制与清洁技术偏向的交互项，具体模型设定如下：

$$GTFP_{it} = \sigma_0 WGTFP_{it} + \beta_0 CT_{it} \times ER_{it} + \beta_1 CT_{it} + \beta_2 ER_{it}$$
$$+ \beta_3 ER_{it}^2 + \beta_4 X_{it} + \theta_0 WCT_{it} \times ER_{it} + \theta_1 WCT_{it}$$
$$+ \theta_2 WER_{it} + \theta_3 WER_{it}^2 + \theta_4 WX_{it} + \varepsilon_{it} \qquad （9.6）$$

其中，$CT \times ER$ 是环境规制与清洁技术偏向的交互项，为该模型的核心解释变量。其他变量含义与模型（9.1）相同。模型（9.6）的估计结果如表9.5所示。

表 9.5　　　　　　　　　环境规制与清洁技术偏向的交互效应检验

变量	本地效应			邻地效应		
	（1）	（2）	（3）	（4）	（5）	（6）
CT	−7.319 (6.451)			−4.641 (11.53)		
$CT \times ER$	5.714 * (3.138)			2.365 (5.206)		
CT_UIT		−3.917 (8.111)			−7.767 (14.47)	
$CT\_UIT \times ER$		4.520 (3.868)			6.367 (6.516)	
CT_INV			−24.82 * (14.41)			9.639 (29.98)
$CT\_INV \times ER$			14.16 * (7.348)			−9.996 (14.76)
ER	0.764 ** (0.307)	0.840 *** (0.311)	0.916 *** (0.289)	−1.541 *** (0.487)	−1.627 *** (0.497)	−1.423 *** (0.435)
$ER2$	−0.245 *** (0.0670)	−0.226 *** (0.0651)	−0.254 *** (0.0673)	0.396 *** (0.108)	0.379 *** (0.106)	0.428 *** (0.108)
$Control$	Y	Y	Y	Y	Y	Y
$Spa\text{-}rho$	0.328 *** (0.0504)	0.322 *** (0.050)	0.340 *** (0.050)			
样本数	420	420	420	420	420	420

注：*、** 和 *** 分别表示显著性水平为10%、5%和1%；括号内为标准差。

表9.5中的估计结果显示，环境规制与清洁技术偏向交互项的本地效应显著为正，但其邻地效应不显著。这表明环境规制能够正向影响清洁技术偏向对本地工业绿色转型的促进作用，但邻地的环境规制对清洁技术偏

向的影响不能传导到本地。同时还可以发现,环境规制主要通过正向调节发明型清洁技术偏向对工业绿色转型的影响,进而使得环境规制与清洁技术偏向交互项的本地效应显著。这可能是因为,环境规制加强会增加企业污染排放成本,为了避免环境处罚本地企业会加大清洁技术研发投入,进而提升了清洁技术偏向对本地工业绿色转型的促进作用。如果企业是通过研发实用新型清洁技术创新进行减排,仅能获得较少的环境绩效和经济绩效,这难以弥补企业的研发成本和减排负担,损害了企业的竞争力,从而难以真正实现绿色转型。而企业通过研发发明型清洁技术创新,则会获得更高环境绩效和经济绩效,不仅弥补了企业污染治理成本,还会增强企业核心竞争力,有效驱动工业绿色转型。

9.4 本章小结

本章从"本地-邻地"视角阐释了环境规制和清洁技术偏向对工业绿色转型的空间影响机制。在此基础上,本章通过构建空间杜宾模型实证检验了清洁技术偏向、环境规制对工业绿色转型的空间影响。结果表明,清洁技术偏向能够显著推动本地工业绿色转型,但受制于创新存量的影响,邻地清洁技术偏向并未对本地工业绿色转型产生显著溢出效应。环境规制对本地工业绿色转型的影响表现为倒 U 形特征,而邻近地区的环境规制对本地工业绿色转型的影响呈现出 U 形特征。异质性检验表明,实用新型清洁技术创新占比越大对本地工业绿色转型的促进作用越明显。最后,本章通过构建基于空间计量技术的调节效应模型,检验环境规制与清洁技术偏向的交互影响是否存在本地效应和邻地效应。结果发现,环境规制能够强化清洁技术偏向对本地工业绿色转型的促进作用,但邻地的环境规制对清洁技术创新的影响不能传导到本地。

第 10 章
结论与政策启示

10.1　主　要　结　论

工业作为国民经济的主导产业，对其他产业部门的发展起到重要的带动作用，并且在很大程度上决定了一国的综合国力和现代化水平。改革开放以来，中国工业发展取得重大成就，不仅为我国经济发展和国际地位的提升作出了重大贡献，同时也对人民生活水平产生深远影响。但是，我国工业发展总体上仍未摆脱高投入、高消耗、高排放的发展方式。党的十九大报告强调要推进绿色发展，加快建立绿色生产的法律制度和政策导向，构建市场导向的绿色技术创新体系。"十四五"工业绿色发展规划进一步指出，积极推行清洁生产改造，提升绿色低碳技术、绿色产品、服务供给能力，构建工业绿色低碳转型与工业赋能绿色发展相互促进、深度融合的现代化产业格局。新时代下中国生态文明建设提升到了前所未有的高度，这也对工业发展方式提出新要求。面对资源环境的约束，中国工业迫切需要走出以提高绿色全要素生产率为目的的绿色转型之路。因此，探究环境规制、清洁技术偏向与中国工业绿色转型之间的关系，制定出相应的优化与激励政策促进工业绿色转型，是一个紧迫且有重要现实意义的研究主题。

为此，本书针对中国工业经济发展的现实情况，对工业绿色转型水平进行测度，并考察了工业绿色转型水平区域差异分解及动态演进。在此基础上，从多个视角阐释了环境规制与清洁技术偏向对工业绿色转型的影响机理，并利用多种计量经济学方法进行实证检验。主要包括：环境规制政策清洁技术偏向效应检验、微观企业视角下环境规制对制造业污染排放的影响研究、行业视角下环境规制对中国工业绿色转型的影响研究、清洁技术偏向对工业绿色转型影响的区域差异及门槛特征、空间视角下环境规制和清洁技术偏向对工业绿色转型的影响。具体结论如下：

（1）本书通过借助 SBM 方向性距离函数和 Luenberger 生产率指数对中国分地区工业绿色转型水平进行测度。结果表明，我国工业绿色转型水平整体呈现出明显的上升态势，特别是，2015 年之后工业绿色转型水平上升速度十分明显。这充分说明我国工业绿色发展成效显著。从分地区角度来看，工业绿色转型水平的区域间差异呈现出阶段性特征，2013 年之后东部地区工业绿色转型水平明显高于中西部地区。在此基础上，本书采用 Dagum 基尼系数及其分解方法考察了工业绿色转型水平的区域差异情况。结果表明，我国工业绿色转型呈现出很明显的区域不均衡现象，并且组间差异成为工业绿色转型水平区域差异的主要来源。最后，本书通过使用核密度估计法考察了工业绿色转型水平的区域绝对差异与动态演进。结果发现，中国工业绿色转型水平不断上升，但省际差距越来越大。

（2）本书从行业视角客观阐释环境规制对工业绿色转型的作用机理，并探讨环境规制与清洁技术创新对工业绿色转型的交互效应及其在行业间的差异，得到以下几点研究结论：第一，环境规制与工业绿色转型之间呈现出倒 U 形关系，即环境规制低于一定门槛值时，正向影响工业绿色转型，当环境规制超过一定水平后，反而出现抑制工业绿色转型的现象；第二，环境规制能够正向调节清洁技术创新对工业绿色转型的影响；第三，环境规制与清洁技术创新的交互效应具有行业异质性，二者交互效应在清洁型行业中更明显。

（3）本书从微观企业视角检验了不同类型环境规制对工业绿色转型的影响。本书通过理论阐释不同类型环境规制对工业绿色转型的作用机制，在此基础上，利用 2003~2007 年中国工业企业数据进行实证检验。得出以下研究结论：第一，费用型环境规制和投资型环境规制与工业绿色转型之间均存在显著的非线性关系，只有两种类型环境规制强度分别低于各自的临界值才能有效促进工业绿色转型；第二，费用型环境规制只有在当期可以抑制外资进入对工业绿色转型的不利影响，而投资型环境规制可以持续发挥其抑制作用；第三，不同类型行业中，两种类型环境规制对外资进入与工业绿色转型之间关系的影响表现出显著差异。

（4）考虑到清洁技术偏向对工业绿色转型的影响可能存在区域异质性以及非线性特征。为此，本书基于 2004~2017 年中国省级面板数据，通过构建了 Tobit 模型和 PSTR 模型进行实证检验。研究发现：第一，清洁技术偏向对工业绿色转型的影响系数为 6.912，并在 1% 的显著性水平下通过检验。但从区域异质性视角检验发现，只有东部地区清洁技术偏向对工业绿色转型具有显著的促进作用，中西部地区清洁技术偏向对工业绿色转型的作用效果不明显。第二，清洁技术偏向对工业绿色转型的作用存在显著的环境规制门限效应，环境规制强度低于门槛值 1.929 时，清洁技术偏向对工业绿色转型的促进作用并不显著。当环境规制强度越过门槛值 1.929 时，清洁技术偏向对工业绿色转型的促进作用才不断凸显。第三，对于东部地区而言，过于严格的环境规制将抑制清洁技术偏向对工业绿色转型的促进作用，而对中部和西部地区施加严格的环境规制将强化清洁技术偏向对工业绿色转型的促进作用。

（5）本书从市场型环境规制层面，以碳排放交易试点政策为例，检验了碳排放交易政策的清洁技术偏向效应。大气中二氧化碳水平的持续上升给气候变化带来巨大压力，为了实现碳减排目标，中国政府借鉴欧洲碳排放权交易机制的经验，在 7 个省份开展碳排放交易试点。本书利用中国碳排放交易试点作为一项准自然实验，实证检验了碳排放权交易机制对低碳清洁技术创新的影响，得到如下结论：第一，通过构建 DID 模型以及一系列稳健性检验，研究表明中国碳排放交易机制可以显著促进低碳清洁技术创新。第二，碳排放权交易机制对低碳清洁技术创新具有持续的正向影响，而且影响效果逐渐增强。第三，异质性分析发现，碳排放权交易机制对广东、湖北、天津和重庆四个试点地区的低碳清洁技术创新政策效果较为明显。第四，市场化水平和绿色消费观念可以正向调节碳排放交易机制对低碳清洁技术创新的影响，产业结构升级在碳排放权交易机制与低碳清洁技术创新之间起正向中介作用。

（6）本书从命令型环境规制层面，以《大气污染防治行动计划》为例，检验了大气污染协同治理政策的清洁技术偏向效应。本书运用双重差分模型多角度考察了大气污染协同治理政策对企业清洁技术创新的影响，并对大气污染协同治理的清洁技术偏向效应进行内在机制检验。研究结果发现：第一，大气污染协同治理对企业清洁技术创新的影响系数显著为正，并且动态效应检验、改变窗口期检验与安慰剂检验后结果依然稳健。第二，大气污染协同治理对企业绿色实用新型专利的促进效应要优于绿色发明专利。第三，大气污染协同治理对非重污染企业的清洁技术创新的诱发效果较为明显，对重污染企业绿色清洁技术创新未产生显著影响。第四，大气污染协同治理能够迫使企业增加研发投入进而促进企业清洁技术创新。第五，政府补贴可以增强大气污染协同治理对企业清洁创新的促进效应。

（7）本书基于空间溢出视角，将清洁技术偏向、环境规制与工业绿色转型纳入统一分析框架，理论阐释了清洁技术偏向与环境规制对工业绿色转型空间影响。在此基础上，通过构建空间杜宾模型进行实证检验。结果表明：第一，清洁技术偏向能够显著推动本地工业绿色转型，但受制于创新存量的影响，邻地清洁技术偏向并未对本地工业绿色转型产生显著溢出效应。第二，环境规制对本地工业绿色转型的影响表现为倒 U 形特征，而邻近地区的环境规制对本地工业绿色转型的影响呈现出 U 形特征。第三，从创新异质性视角来看，实用新型清洁技术创新对本地工业绿色转型的促进作用更明显。第四，环境规制能够强化清洁技术偏向对本地工业绿色转型的促进作用，但邻地的环境规制对清洁技术偏向的影响不能传导到本地。

通过上述不同视角的实证研究，以及对不同层次主体的考察，本书得出如下共性结论：第一，环境规制政策存在清洁技术创新偏向效应，结合市场型环境规制和命令型环境规制对清洁技术创新的正向影响，说明政府部门通过制定相应的环境规制政策能够有效促进技术进步向清洁化方向发展。第二，无论从行业视角还是企业视角，环境规制与工业绿色转型之间均呈现出明显的倒 U 形关系，说明当环境规制低于某一临界值时，它能够正向影响工业绿色转型，当环境规制超过一定水平后，反而出现抑制工业绿色转型的现象。第三，多重检验结果均表明，严格的环境规制能够强化清洁技术偏向对工业绿色转型的促进作用。这说明当环境规制较为严格时，企业面临较高的环境压力较大，传统的技术创新难以维持企业可持续发展。因此，企业只能通过研发清洁技术创新才能凸显竞争优势，从而也推动了工业绿色转型。

10.2 政策启示

在新时代经济绿色高质量发展的背景下，如何加快推进工业绿色转型已成为一个重要研究主题。这对于优化经济结构，实现经济社会可持续发展具有重要现实价值和理论意义。客观准确认识环境规制、清洁技术偏向与工业绿色转型之间的关系也成为学术界关注的热点。本书综合考虑环境规制与清洁技术偏向对工业绿色转型的影响，以机理演绎和实证分析结果为依据，得出如下政策启示。

（1）要更加关注各区域工业绿色发展的不平衡不充分问题。

首先，一方面要充分发挥东部地区的带动作用，通过建立技术转移机制，释放中西部地区工业绿色转型的巨大潜力。另一方面政府部门应强化绿色低碳重大科技攻关和应用等方面给予中西部地区先行先试的集成优势。其次，各地方政府要积极推进区域工业绿色转型的协同发展。在保持东部地区工业绿色发展稳定向好的同时，需要以更大的力度促进中西部地区加快工业绿色转型的速度。最后，根据不同地区的特点，因地制宜地制定加快工业绿色转型的政策。各地区政府应深入分析工业绿色转型的动力机制，充分发挥区域要素禀赋优势，找准切入点和发力点，因地制宜地构建工业绿色转型实施路径。

（2）完善环境规制政策体系，促进工业绿色转型。

首先，紧密结合区域不同的工业发展阶段，科学设定环境规制强度。当前，中国工业发展取得重大成就，但总体上仍未摆脱高投入、高消耗、高排放的发展方式。因此，需要通过制定环境规制政策影响工业发展方向，但也应该清楚意识到并非环境规制越强越好，盲目地增强环境规制并不利于工业绿色转型。所以，政府决策部门需要根据实际情况制定合理的环境规制才能促进工业绿色转型。其次，设计科学的环境规制结构，以实现不同类型的环境规制协同与互补，进而促进工业绿色转型。一方面，制定合理的排污费收费标准，发挥费用型环境规制见效快的特点，影响企业生产行为；另一方面，着重强调投资型环境规制的作用，积极鼓励环境保护投资，加大清洁技术研发力度，充分发挥投资型环境规制长期有效的优势。最后，各地方政府应明确环境规制助力工业绿色转型的目标，选择合适的环境规制强度，最大程度发挥环境规制推动工业绿色转型的本地效应和空间溢出效应，从而带动全国总体工业实现绿色转型的目标。

对于不同类型行业应采用差异化环境规制工具。环境规制和清洁技术创新的交互效应在不同类型行业内存在明显差异，环境规制诱发的清洁技术创新对工业绿色转型的作用效果在清洁型行业中更为明显。因此，通过制定环境规制政策引致清洁技术创新间接促进工业绿色转型时，还需要对清洁型行业和污染型行业进行差异化对待。同时，不同区域清洁技术创新对环境规制的敏感度不同，因此需要谨慎实施环境规制政策。地方政府应紧密结合本区域的工业发展阶段，确定合适的环境规制强度，对于东部地区不宜施加过于严格的环境规制，应借助自身区位优势，积极引进国际上先进的清洁技术，从而促进清洁技术向中部和西部地区扩散。对于中西部地区而言，由于清洁技术创新不足，无法有效促进工业绿色转型，进而政府部门应该在清洁技术创新动力之源和转变传统技术创新模式两个层面寻求突破。政府部门可以通过强化环境监管，激发中西部地区技术进步朝清洁化方向发展，进而促进该地区工业绿色转型。

（3）探索市场型环境规制与命令型环境规制政策有机结合，激发企业清洁技术创新。

对于碳排放权交易政策而言，可以尝试丰富碳排放权交易的形式，降低交易成本，提高碳排放权交易效率，促使更好地发挥碳交易的市场机制，从而推动企业低碳清洁技术创新。同时，还要为碳排放权交易主体提供良好的市场平台，一方面通过碳价格，从成本和收益两方面引导碳市场中的参与者选择低碳清洁技术创新。另一方面形成公平的市场竞争环境，激励碳市场中参与者进行低碳清洁技术创新。此外，可以通过强化公众环保参与意识，促进绿色消费观念的形成。通过转变公众消费观念，增加对低碳产品的需求，从而推动低碳产业的发展。由于碳排放交易机制对低碳创新的部分影响是由产业结构升级来传导，所以加快产业结构升级也能够有效激发碳排放权交易政策的清洁技术创新效应。

对于大气污染协同治理而言，政府部门应进一步拓展大气污染协同治理区域划分，持续优化地方政府间跨区域合作机制，从而在更大范围内开展大气污染协同治理。同时，各地方政府在参与协同治理的基础上，选择适合本地现实情况的治理方式，不断增强政府服务的工作机制，从而促进企业的清洁技术创新活动。政府部门要优化企业清洁技术创新过程中的激励和保障机制。一方面，可以采取相应措施，完善政府补贴机制，激励企业增加清洁技术研发投入；另一方面，要完善产权制度，保障企业高质量清洁技术创新的权益，激励企业开展高质量的清洁技术创新活动。

我国市场型环境规制已经取得一定程度的进展，但还是以命令型环境规制为主。为此，应积极探索市场型环境规制与命令型环境规制的有机结合。一味地加强命令型环境规制只会迫使企业采取权宜之计，无法实现资源的合理配置，进而难以实现高质量的清洁技术创新。市场型环境规制有利于企业合理配置资源，可以有效激发企业的清洁技术创新活力。所以，政府部门需要积极探索市场型环境规制政策与命令型环境规制政策有机结合，充分发挥其清洁技术偏向效应，促进企业有效开展清洁技术创新，从而推动工业绿色转型。

（4）优化清洁技术创新的激励和保障机制，助力工业绿色转型。

地方政府应鼓励企业研发清洁技术创新。清洁技术创新是工业绿色转型的重要推动力，一方面，企业要增加清洁技术研发投入，引进先进的技术和管理理念，吸引高水平人才，增强自主创新能力。另一方面，政府部门可以通过提供更多的税收优惠和融资渠道，为企业的技术创新提供良好的制度保障。由于发明型清洁技术创新研发成本较高，仅有部分大型企业能够实现发明型清洁技术创新的自主研发。因此，由此，对于大型工业企业，应通过完善发明专利质量评估制度，诱导企业创造更高质量的清洁技术创新，并进一步提高科技成果转化率。对于中小型企业，应通过专利资助政策充分调动其申请专利积极性，激励企业加大清洁技术创新研发力度。

长期以来中国工业粗放式的生产模式，决定了在未来一段时期内工业发展将仍采用非清洁技术进行生产活动，若缺少环境政策诱导，非清洁技术将不断自我强化和积累，从而阻碍工业绿色全要素生产率提升。同时，考虑到企业可以选择不同的技术创新方式，如果完全依靠市场，企业清洁技术创新动力不足。环境规制能够推动技术进步朝清洁化方向转变，为此，政府部门应加快构建环境管控的长效机制，完善环境治理体系。但是当技术进步偏向非清洁要素时，虽能够促进经济增长，但会对环境质量产生损害，不利于工业绿色转型。清洁技术创新作为推动工业绿色转型的重要动力来源之一，政府部门应加强对清洁技术创新的政策扶持力度，同时也要积极引导企业增加清洁技术研发投入，改变传统的高污染、高耗能、低效率的技术创新驱动方式，促使清洁技术创新比重不断提升，从而赋能工业绿色转型，实现经济高质量发展。

此外，还应建立健全区域联动机制，破除地方政府对清洁技术的行政垄断。一方面，清洁技术创新溢出效应受阻还归因于地方政府技术垄断，地方政府因追求经济增长与环境质量相容发展目标，利用行政权力扭曲了市场公平竞争，同时也限制了清洁技术的分享与学习渠道，不利于全国总体工业绿色转型目标的实现。由此，除了开展区域联合治理外，还应尽快落实破除地区政府对清洁技术的行政垄断。另一方面，在传统的污染治理方面，当前中国多个地区已开始探索区域联合污染治理，如京津冀、长三角和珠三角的大气污染协同治理在推动区域清洁技术发展方面已取得显著成效。因此，中国应健全工业绿色转型的区域协同机制，通过有效协调和整合区域间优质资源，不断突破创新清洁生产方面的关键核心技术，从而助力工业绿色转型目标早日实现。

参考文献

［1］白俊红，聂亮. 技术进步与环境污染的关系：一个倒 U 形假说［J］. 研究与发展管理，2017，29（3）：131 - 140.

［2］曹翔，王郁妍. 环境成本上升导致了外资撤离吗？［J］. 财经研究，2021，47（3）：140 - 154.

［3］常纪文. 大气污染区域联防联控应实行共同但有区别责任原则［J］. 环境保护，2014，42（15）：43 - 45.

［4］常青山，侯建，宋洪峰，陈建成. 科技人力资源对工业绿色转型的门槛效应：基于环境规制的视角［J］. 科技管理研究，2020，40（12）：220 - 228.

［5］陈超凡. 中国工业绿色全要素生产率及其影响因素：基于 ML 生产率指数及动态面板模型的实证研究［J］. 统计研究，2016，33（3）：53 - 62.

［6］陈德敏，张瑞. 环境规制对中国全要素能源效率的影响：基于省际面板数据的实证检验［J］. 经济科学，2012（4）：49 - 65.

［7］陈诗一. 节能减排与中国工业的双赢发展：2009—2049［J］. 经济研究，2010b，45（3）：129 - 143.

［8］陈诗一. 中国的绿色工业革命：基于环境全要素生产率视角的解释（1980—2008）［J］. 经济研究，2010a，45（11）：21 - 34.

［9］陈阳，逯进，于平. 技术创新减少环境污染了吗？：来自中国 285 个城市的经验证据［J］. 西安交通大学学报（社会科学版），2019（1）：73 - 84.

［10］陈宇科，刘蓝天，董景荣．环境规制工具、区域差异与企业绿色技术创新：基于系统 GMM 和动态门槛的中国省级数据分析［J］．科研管理，2022，43（4）：111-118.

［11］陈喆，郑江淮．绿色技术创新能够促进地区经济高质量发展吗?：兼论环境政策的选择效应［J］．当代经济科学，2022，44（4）：43-58.

［12］成琼文，贺显祥，李宝生．绿色技术创新效率及其影响因素：基于我国 35 个工业行业的实证研究［J］．中南大学学报（社会科学版），2020，26（2）：97-107.

［13］程都，李钢．环境规制强度测算的现状及趋势［J］．经济与管理研究，2017，38（8）：75-85.

［14］戴魁早，骆莙函．环境规制、政府科技支持与工业绿色全要素生产率［J］．统计研究，2022，39（4）：49-63.

［15］邓楚雄，赵浩，谢炳庚，李忠武，李科．土地资源错配对中国城市工业绿色全要素生产率的影响［J］．地理学报，2021，76（8）：1865-1881.

［16］邓峰，任转转．信息网络、高技术产业集聚与工业绿色转型［J］．经济经纬，2021，38（3）：76-85.

［17］丁黎黎，杨颖，郑慧，王垒．中国省际绿色技术进步偏向异质性及影响因素研究：基于一种新的 Malmquist-Luenberger 多维分解指数［J］．中国人口·资源与环境，2020，30（9）：84-92.

［18］董直庆，蔡啸，王林辉．技术进步方向、城市用地规模和环境质量［J］．经济研究，2014，49（10）：111-124.

［19］董直庆，王辉．环境规制的"本地-邻地"绿色技术进步效应［J］．中国工业经济，2019（1）：100-118.

［20］董直庆，王辉．异质性研发补贴、技术进步方向和环境质量［J］．南京社会科学，2018（8）：15-25.

［21］杜雯翠，夏永妹．京津冀区域雾霾协同治理措施奏效了吗?：基于双

重差分模型的分析 [J]. 当代经济管理, 2018, 40 (9): 53 - 59.

[22] 范丹, 孙晓婷. 环境规制、绿色技术创新与绿色经济增长 [J]. 中国人口·资源与环境, 2020, 30 (6): 105 - 115.

[23] 范叶超, 刘梦薇. 中国城市空气污染的演变与治理: 以环境社会学为视角 [J]. 中央民族大学学报 (哲学社会科学版), 2020, 47 (5): 95 - 102.

[24] 方先明, 那晋领. 创业板上市公司绿色创新溢酬研究 [J]. 经济研究, 2020, 55 (10): 106 - 123.

[25] 傅京燕, 胡瑾, 曹翔. 不同来源 FDI、环境规制与绿色全要素生产率 [J]. 国际贸易问题, 2018 (7): 134 - 148.

[26] 高霞, 贺至晗, 张福元. 政府补贴、环境规制如何提升区域绿色技术创新水平?: 基于组态视角的联动效应研究 [J]. 研究与发展管理, 2022, 34 (3): 162 - 172.

[27] 龚锋, 王昭, 余锦亮. 人口老龄化、代际平衡与公共福利性支出 [J]. 经济研究, 2019, 54 (8): 103 - 119.

[28] 龚轶, 王铮, 顾高翔. 技术创新与产业结构优化: 一个基于自主体的模拟 [J]. 科研管理. 2015, 36 (8): 44 - 51.

[29] 古惠冬, 杨维光, 陈文捷. 绿色技术创新对城市碳减排的效应研究 [J]. 学术探索, 2022 (3): 120 - 132.

[30] 郭然, 原毅军. 环境规制、研发补贴与产业结构升级 [J]. 科学学研究, 2020, 38 (12): 2140 - 2149.

[31] 郭威, 曾新欣. 绿色信贷提升工业绿色全要素生产率了吗?: 基于空间 Durbin 模型的实证研究 [J]. 经济问题, 2021 (8): 44 - 55.

[32] 郭玥. 政府创新补助的信号传递机制与企业创新 [J]. 中国工业经济, 2018 (9): 98 - 116.

[33] 韩晶. 中国工业绿色转型的障碍与发展战略研究 [J]. 福建论坛 (人文社会科学版), 2011 (8): 11 - 14.

［34］何欢浪. 不同环境政策对企业出口和绿色技术创新的影响［J］. 兰州学刊，2015（10）：148－152.

［35］何凌云，黎姿，梁宵，祝婧然. 政府补贴、税收优惠还是低利率贷款？：产业政策对环保产业绿色技术创新的作用比较［J］. 中国地质大学学报（社会科学版），2020，20（6）：42－58.

［36］何小钢，张耀辉. 技术进步、节能减排与发展方式转型：基于中国工业36个行业的实证考察［J］. 数量经济技术经济研究，2012，29（3）：19－33.

［37］何小钢. 绿色技术创新的最优规制结构研究：基于研发支持与环境规制的双重互动效应［J］. 经济管理，2014，36（11）：144－153.

［38］何小钢. 能源约束、绿色技术创新与可持续增长：理论模型与经验证据［J］. 中南财经政法大学学报，2015（4）：30－38.

［39］胡鞍钢，周绍杰. 绿色发展：功能界定、机制分析与发展战略［J］. 中国人口·资源与环境，2014，24（1）：14－20.

［40］胡立和，商勇，王欢芳. 工业绿色全要素生产率变化的实证分析：基于长江经济带11个省市的面板数据［J］. 湖南社会科学，2019（4）：108－114.

［41］胡志高，李光勤，曹建华. 环境规制视角下的区域大气污染联合治理：分区方案设计、协同状态评价及影响因素分析［J］. 中国工业经济，2019（5）：24－42.

［42］黄磊，吴传清. 长江经济带城市工业绿色发展效率及其空间驱动机制研究［J］. 中国人口·资源与环境，2019，29（8）：40－49.

［43］黄庆华，胡江峰，陈习定. 环境规制与绿色全要素生产率：两难还是双赢？［J］. 中国人口·资源与环境，2018，28（11）：140－149.

［44］黄群慧. 从高速度工业化向高质量工业化转变［N］. 人民日报，2017－11－26.

［45］黄向岚，张训常，刘晔. 我国碳交易政策实现环境红利了吗？［J］. 经济

评论，2018（6）：86 – 99.

[46] 金翼鑫，鲁海波，王占锋，等 . Tobit 回归模型［J］. 数理统计与管理 . 2020，39（2）：236 – 250.

[47] 靳来群，胡善成，张伯超 . 中国创新资源结构性错配程度研究［J］. 科学学研究，2019，37（3）：545 – 555.

[48] 景维民，张璐 . 环境管制、对外开放与中国工业的绿色技术进步 ［J］. 经济研究，2014，49（9）：34 – 47.

[49] 康鹏辉，茹少峰 . 环境规制的绿色创新双边效应［J］. 中国人口·资源与环境，2020，30（10）：93 – 104.

[50] 黎文靖，郑曼妮 . 实质性创新还是策略性创新？：宏观产业政策对微观企业创新的影响［J］. 经济研究，2016，51（4）：60 – 73.

[51] 李斌，彭星，欧阳铭珂 . 环境规制、绿色全要素生产率与中国工业发展方式转变：基于 36 个工业行业数据的实证研究［J］. 中国工业经济，2013（4）：56 – 68.

[52] 李斌，祁源，李倩 . 财政分权、FDI 与绿色全要素生产率：基于面板数据动态 GMM 方法的实证检验［J］. 国际贸易问题，2016（7）：119 – 129.

[53] 李博洋，顾成奎，罗晓丽，等 . "水十条" 实施背景下工业绿色转型发展的路径探讨［J］. 环境保护，2015，43（9）：28 – 31.

[54] 李风琦，龚娟 . 绿色技术进步缓解雾霾污染了吗［J］. 湘潭大学学报（哲学社会科学版），2021，45（1）：82 – 86.

[55] 李广明，张维洁 . 中国碳交易下的工业碳排放与减排机制研究［J］. 中国人口·资源与环境，2017，27（10）：141 – 148.

[56] 李广培，李艳歌，全佳敏 . 环境规制、R&D 投入与企业绿色技术创新能力［J］. 科学学与科学技术管理，2018，39（11）：61 – 73.

[57] 李汇东，唐跃军，左晶晶 . 用自己的钱还是用别人的钱创新？：基于中国上市公司融资结构与公司创新的研究［J］. 金融研究，2013

（2）：170 – 183.

[58] 李琳，刘琛．互联网、禀赋结构与长江经济带工业绿色全要素生产率：基于三大城市群 108 个城市的实证分析 [J]．华东经济管理，2018，32（7）：5 – 11.

[59] 李玲，陶锋．中国制造业最优环境规制强度的选择：基于绿色全要素生产率的视角 [J]．中国工业经济，2012（5）：70 – 82.

[60] 李青原，肖泽华．异质性环境规制工具与企业绿色创新激励：来自上市企业绿色专利的证据 [J]．经济研究，2020，55（9）：192 – 208.

[61] 李瑞雪，司孟慧，张汉飞．金融集聚对工业绿色全要素生产率的影响研究：基于长三角地区的实证 [J]．华东经济管理，2022，36（5）：34 – 47.

[62] 李婉红，毕克新，曹霞．环境规制工具对制造企业绿色技术创新的影响：以造纸及纸制品企业为例 [J]．系统工程，2013，31（10）：112 – 122.

[63] 李婉红，毕克新，孙冰．环境规制强度对污染密集行业绿色技术创新的影响研究：基于 2003—2010 年面板数据的实证检验 [J]．研究与发展管理，2013，25（6）：72 – 81.

[64] 李香菊，贺娜．地区竞争下环境税对企业绿色技术创新的影响研究 [J]．中国人口·资源与环境，2018，28（9）：73 – 81.

[65] 李小平，卢现祥，陶小琴．环境规制强度是否影响了中国工业行业的贸易比较优势 [J]．世界经济，2012，35（4）：62 – 78.

[66] 李新安．环境规制、政府补贴与区域绿色技术创新：基于我国省域空间面板数据的实证研究 [J]．经济经纬，2021，38（3）：14 – 23.

[67] 李雪松，孙博文．大气污染治理的经济属性及政策演进：一个分析框架 [J]．改革，2014（4）：17 – 25.

[68] 梁本凡．环境经济学高级教程 [M]．北京：中国社会科学出版社，

2010：60.

[69] 廖果平，秦剑美．绿色技术创新能否有效改善环境质量？：基于财政分权的视角 [J]．技术经济，2022，41（4）：17-29.

[70] 林伯强，刘泓汛．对外贸易是否有利于提高能源环境效率：以中国工业行业为例 [J]．经济研究，2015，50（9）：127-141.

[71] 林伯强，邹楚沅．发展阶段变迁与中国环境政策选择 [J]．中国社会科学，2014（5）：81-95.

[72] 林春艳，宫晓蕙，孔凡超．环境规制与绿色技术进步：促进还是抑制：基于空间效应视角 [J]．宏观经济研究，2019（11）：131-142.

[73] 刘海英，郭文琪．环境税与研发补贴政策组合的绿色技术创新诱导效应 [J]．科技管理研究，2021，41（1）：194-202.

[74] 刘樑，李雪，蒋攀．环境保护税对企业绿色技术创新的影响：基于环保投资的因果中介效应分析 [J]．河海大学学报（哲学社会科学版），2022，24（3）：50-59，114-115.

[75] 刘叶，温宇静，秦丽．环境规制阻碍了 FDI 企业进入中国吗？：基于工业污染治理投资中介效应的研究 [J]．财经问题研究，2022（3）：44-52.

[76] 刘晔，张训常．碳排放交易制度与企业研发创新：基于三重差分模型的实证研究 [J]．经济科学，2017（3）：102-114.

[77] 刘志彪，孔令池．从分割走向整合：推进国内统一大市场建设的阻力与对策 [J]．中国工业经济，2021（8）：20-36.

[78] 刘忠宇，热孜燕·瓦卡斯．中国农业高质量发展的地区差异及分布动态演进 [J]．数量经济技术经济研究，2021，38（6）：28-44.

[79] 刘自敏，黄敏，申颢．中国碳交易试点政策与绿色技术进步偏向：基于城市层面数据的考察 [J]．产业经济评论，2022（1）：201-219.

[80] 陆旸．环境规制影响了污染密集型商品的贸易比较优势吗？[J]．经济研究，2009（4）：28-40.

[81] 禄雪焕，白婷婷. 绿色技术创新如何有效降低雾霾污染？[J]. 中国软科学，2020 (6)：174 - 182.

[82] 吕朝凤，余啸. 排污收费标准提高能影响 FDI 的区位选择吗？：基于 SO_2 排污费征收标准调整政策的准自然实验 [J]. 中国人口·资源与环境，2020，30 (9)：62 - 74.

[83] 罗良文，李珊珊. FDI 技术外溢的垂直效应与中国工业碳排放 [J]. 山西财经大学学报，2012，34 (11)：54 - 62.

[84] 马海良，董书丽. 不同类型环境规制对碳排放效率的影响 [J]. 北京理工大学学报（社会科学版），2020，22 (4)：1 - 10.

[85] 毛昊，尹志锋，张锦. 中国创新能够摆脱"实用新型专利制度使用陷阱"吗 [J]. 中国工业经济，2018 (3)：98 - 115.

[86] 蒙大斌，于莹莹. 双重环境规制、创新生态与绿色技术创新：对"波特假说"的再探讨 [J]. 软科学，2022，36 (10)：47 - 54.

[87] 穆献中，周文韬，胡广文. 不同类型环境规制对全要素能源效率的影响 [J]. 北京理工大学学报（社会科学版），2022，24 (3)：56 - 74.

[88] 倪娟，孔令文. 环境信息披露、银行信贷决策与债务融资成本：来自我国沪深两市 A 股重污染行业上市公司的经验证据 [J]. 经济评论，2016 (1)：147 - 156，160.

[89] 欧阳晓灵，张骏豪，杜刚. 环境规制与城市绿色技术创新：影响机制与空间效应 [J]. 中国管理科学，2022，30 (12)：1 - 12.

[90] 彭海珍，任荣明. 环境政策工具与企业竞争优势 [J]. 中国工业经济，2003 (7)：75 - 82.

[91] 彭薇，熊科，李昊. 环境分权、技术创新与中国工业产业绿色转型：基于省域空间面板的实证研究 [J]. 当代经济管理，2020，42 (10)：54 - 60.

[92] 彭文斌，程芳芳，路江林. 环境规制对省域绿色创新效率的门槛效应研究 [J]. 南方经济，2017 (9)：73 - 84.

［93］彭星，李斌. 不同类型环境规制下中国工业绿色转型问题研究［J］. 财经研究，2016，42（7）：134－144.

［94］彭星，李斌. 贸易开放、FDI 与中国工业绿色转型：基于动态面板门限模型的实证研究［J］. 国际贸易问题，2015（1）：166－176.

［95］彭瑜欣，李华晶. 资源型产业绿色技术创新的影响因素研究［J］. 资源开发与市场，2018，34（12）：1643－1650.

［96］齐绍洲，段博慧. 碳交易政策对企业金融化的影响研究［J］. 西安交通大学学报（社会科学版），2022，42（5）：63－71.

［97］齐绍洲，林屾，崔静波. 环境权益交易市场能否诱发绿色创新？：基于我国上市公司绿色专利数据的证据［J］. 经济研究，2018，53（12）：129－143.

［98］邱斌，杨帅，辛培江. FDI 技术溢出渠道与中国制造业生产率增长研究：基于面板数据的分析［J］. 世界经济，2008（8）：20－31.

［99］邱金龙，潘爱玲，张国珍. 正式环境规制、非正式环境规制与重污染企业绿色并购［J］. 广东社会科学，2018（2）：51－59.

［100］曲峰庚，董宇鸿. 绿色创新：新经济时代企业成长动力［M］. 北京：经济科学出版社，2013.

［101］曲小瑜，赵子煊. 中国工业绿色全要素生产率特征要素及多元提升路径研究：基于 fsQCA 方法［J］. 运筹与管理，2022，31（6）：154－160.

［102］屈凯. 环境规制的企业绿色技术创新效应研究［J］. 湖南科技大学学报（社会科学版），2021，24（6）：90－99.

［103］任胜钢，郑晶晶，刘东华，陈晓红. 排污权交易机制是否提高了企业全要素生产率：来自中国上市公司的证据［J］. 中国工业经济，2019（5）：5－23.

［104］上官绪明，葛斌华. 科技创新、环境规制与经济高质量发展：来自中国 278 个地级及以上城市的经验证据［J］. 中国人口·资源与环

境，2020，30（6）：95-104.

［105］上官绪明．空间异质视阈下技术多维溢出、吸收能力与技术进步
［J］．科学学与科学技术管理，2018，39（4）：74-87.

［106］邵利敏，高雅琪，王淼．环境规制与资源型企业绿色行为选择：
"倒逼转型"还是"规制俘获"［J］．河海大学学报（哲学社会科学
版），2018，20（6）：62-68，92-93.

［107］申晨，李胜兰，黄亮雄．异质性环境规制对中国工业绿色转型的影
响机理研究：基于中介效应的实证分析［J］．南开经济研究，2018
（5）：95-114.

［108］沈菲，陶启智，张云．董事海外背景对企业绿色技术创新的影响研
究：基于企业声誉的视角［J］．上海财经大学学报，2022，24
（3）：108-122.

［109］沈坤荣，金刚，方娴．环境规制引起了污染就近转移吗？［J］．经济
研究，2017，52（5）：44-59.

［110］沈能．环境效率、行业异质性与最优规制强度：中国工业行业面板
数据的非线性检验［J］．中国工业经济，2012（3）：56-68.

［111］盛斌，吕越．外国直接投资对中国环境的影响：来自工业行业面板
数据的实证研究［J］．中国社会科学，2012（5）：54-75.

［112］史敦友．异质性环境规制、技术创新与中国工业绿色化［J］．贵州
财经大学学报，2021（3）：83-93.

［113］宋德勇，朱文博，王班班．中国碳交易试点覆盖企业的微观实证：
碳排放权交易、配额分配方法与企业绿色创新［J］．中国人口·资
源与环境，2021，31（1）：37-47.

［114］孙传旺，张文悦．对外直接投资与企业绿色转型：基于中国企业微
观数据的经验研究［J］．中国人口·资源与环境，2022，32（9）：
79-91.

［115］孙海波，刘忠璐．OFDI逆向技术溢出促进中国工业绿色转型了吗：

来自中国省级面板数据的经验证据 [J]. 国际贸易问题，2019
(3)：161 - 174.

[116] 孙海波，刘忠璐. 环境规制、清洁技术创新与中国工业绿色转型
[J]. 科研管理，2021，42 (11)：54 - 61.

[117] 孙金花，徐琳霖，胡健. 环境责任视角下非正式环境规制对企业绿
色技术创新的影响：一个有中介的调节模型 [J]. 技术经济，2021，
40 (10)：10 - 22.

[118] 孙瑾，刘文革，周钰迪. 中国对外开放、产业结构与绿色经济增
长：基于省际面板数据的实证检验 [J]. 管理世界，2014 (6)：
172 - 173.

[119] 孙静，马海涛，王红梅. 财政分权、政策协同与大气污染治理效
率：基于京津冀及周边地区城市群面板数据分析 [J]. 中国软科学，
2019 (8)：154 - 165.

[120] 孙兰. 企业绿色技术转型：需求、竞争与政策：基于多阶段博弈模
型 [J]. 科技管理研究，2022，42 (12)：179 - 187.

[121] 孙学敏，王杰. 环境规制对中国企业规模分布的影响 [J]. 中国工
业经济，2014 (12)：44 - 56.

[122] 孙育红，张春晓. 改革开放40年来我国绿色技术创新的回顾与思考
[J]. 广东社会科学，2018 (5)：5 - 12.

[123] 唐松林，周文兵. 农村可再生能源发展机制研究：基于参与人视角
的分析 [M]. 北京：经济科学出版社，2021.

[124] 唐未兵，傅元海，王展祥. 技术创新、技术引进与经济增长方式转
变 [J]. 经济研究，2014，49 (7)：31 - 43.

[125] 陶锋，赵锦瑜，周浩. 环境规制实现了绿色技术创新的"增量提
质"吗：来自环保目标责任制的证据 [J]. 中国工业经济，2021
(2)：136 - 154.

[126] 田翠香. 环境税影响企业绿色技术创新的主从博弈分析 [J]. 财经

问题研究，2020（9）：95－104.

[127] 涂正革，刘磊珂. 考虑能源、环境因素的中国工业效率评价：基于 SBM 模型的省级数据分析 [J]. 经济评论，2011（2）：55－65.

[128] 万伦来，朱琴. R&D 投入对工业绿色全要素生产率增长的影响：来自中国工业 1999～2010 年的经验数据 [J]. 经济学动态，2013 （9）：20－26.

[129] 汪克亮，刘蕾，孟祥瑞，等. 区域大气污染排放效率：变化趋势、地区差距与影响因素：基于长江经济带 11 省市的面板数据 [J]. 北京理工大学学报（社会科学版），2017，19（6）：38－48.

[130] 汪明月，李颖明，王子彤. 企业绿色技术创新环境绩效与经济绩效的 U 型关系及竞争规制的调节 [J]. 科学管理研究，2021，39 （5）：107－116.

[131] 王班班，齐绍洲. 市场型和命令型政策工具的节能减排技术创新效应：基于中国工业行业专利数据的实证 [J]. 中国工业经济，2016 （6）：91－108.

[132] 王班班，赵程. 中国的绿色技术创新：专利统计和影响因素 [J]. 工业技术经济，2019，38（7）：53－66.

[133] 王彩明，李健. 中国区域绿色创新绩效评价及其时空差异分析：基于 2005—2015 年的省际工业企业面板数据 [J]. 科研管理，2019，40（6）：29－42.

[134] 王锋正，郭晓川. 环境规制强度对资源型产业绿色技术创新的影响：基于 2003—2011 年面板数据的实证检验 [J]. 中国人口·资源与环境，2015，25（S1）：143－146.

[135] 王锋正，刘向龙，张蕾，等. 数字化促进了资源型企业绿色技术创新吗？[J]. 科学学研究，2022，40（2）：332－344.

[136] 王金南，宁淼，孙亚梅. 区域大气污染联防联控的理论与方法分析 [J]. 环境与可持续发展，2012，37（5）：5－10.

［137］王俊. R&D 补贴对企业 R&D 投入及创新产出影响的实证研究［J］. 科学学研究，2010，28（9）：1368－1374.

［138］王俊. 碳排放权交易制度与清洁技术偏向效应［J］. 经济评论，2016（2）：29－47.

［139］王林辉，王辉，董直庆. 经济增长和环境质量相容性政策条件：环境技术进步方向视角下的政策偏向效应检验［J］. 管理世界，2020，36（3）：39－60.

［140］王为东，卢娜，张财经. 空间溢出效应视角下低碳技术创新对气候变化的响应［J］. 中国人口·资源与环境，2018，28（8）：22－30.

［141］王文举，向其凤. 中国产业结构调整及其节能减排潜力评估［J］. 中国工业经济，2014（1）：44－56.

［142］王文军，谢鹏程，李崇梅，等. 中国碳排放权交易试点机制的减排有效性评估及影响要素分析［J］. 中国人口·资源与环境，2018，28（4）：26－34.

［143］王小平，赵娜. 工业绿色转型中环保服务业发展研究：以河北省为例［J］. 价格理论与实践，2015（1）：106－108.

［144］王晓祺，郝双光，张俊民. 新《环保法》与企业绿色创新："倒逼"抑或"挤出"？［J］. 中国人口·资源与环境，2020，30（7）：107－117.

［145］王旭，王非. 无米下锅抑或激励不足？政府补贴、企业绿色创新与高管激励策略选择［J］. 科研管理，2019，40（7）：131－139.

［146］王勇，赵晗. 中国碳交易市场启动对地区碳排放效率的影响［J］. 中国人口·资源与环境，2019，29（1）：50－58.

［147］王珍愚，曹瑜，林善浪. 环境规制对企业绿色技术创新的影响特征与异质性：基于中国上市公司绿色专利数据［J］. 科学学研究，2021，39（5）：909－919，929.

［148］王芝炜，孙慧. 市场型环境规制对企业绿色技术创新的影响及影响

机制［J］.科技管理研究，2022，42（8）：208－215.

［149］魏建，黄晓光.中国环境财政政策组合推动工业绿色转型的作用机制研究［J］.中山大学学报（社会科学版），2021，61（2）：166－175.

［150］魏娜，孟庆国.大气污染跨域协同治理的机制考察与制度逻辑：基于京津冀的协同实践［J］.中国软科学，2018，334（10）：84－97.

［151］魏玮，谭林，刘希章.中国工业绿色全要素生产率动态演变特征研究［J］.价格理论与实践，2015（9）：91－93，111.

［152］温湖炜，钟启明.环境保护税改革能否撬动企业绿色技术创新：来自中国排污费征收标准变迁的启示［J］.贵州财经大学学报，2020（3）：91－100.

［153］文一.伟大的中国工业革命："发展政治经济学"一般原理批评纲要［M］.北京：清华大学出版社，2017.

［154］吴传清，张雅晴.环境规制对长江经济带工业绿色生产率的门槛效应［J］.科技进步与对策，2018，35（8）：46－51.

［155］吴建祖，华欣意.高管团队注意力与企业绿色创新战略：来自中国制造业上市公司的经验证据［J］.科学学与科学技术管理，2021，42（9）：122－142.

［156］吴静.新能源革命能否促进中国工业绿色转型?：基于因素分解法的实证分析［J］.经济体制改革，2017（2）：184－191.

［157］吴磊，贾晓燕，吴超，等.异质型环境规制对中国绿色全要素生产率的影响［J］.中国人口·资源与环境，2020，30（10）：82－92.

［158］吴伟平，何乔."倒逼"抑或"倒退"?：环境规制减排效应的门槛特征与空间溢出［J］.经济管理，2017，39（2）：20－34.

［159］吴武林，周小亮.中国包容性绿色增长测算评价与影响因素研究［J］.社会科学研究，2018（1）：27－37.

［160］席龙胜，赵辉.高管双元环保认知、绿色创新与企业可持续发展绩

效［J］. 经济管理，2022，44（3）：139－158.

［161］肖滢，卢丽文. 资源型城市工业绿色转型发展测度：基于全国108个资源型城市的面板数据分析［J］. 财经科学，2019（9）：86－98.

［162］肖志明. 欧盟排放交易机制的影响分析：国外研究综述［J］. 德国研究，2012，27（1）：73－81，127.

［163］谢乔昕. 环境规制、绿色金融发展与企业技术创新［J］. 科研管理，2021，42（6）：65－72.

［164］谢宜章，赵玉奇. 空间资源视角下地方政府竞争与中国工业绿色转型发展［J］. 江西社会科学，2018，38（6）：58－67.

［165］熊广勤，石大千，李美娜. 低碳城市试点对企业绿色技术创新的影响［J］. 科研管理，2020，41（12）：93－102.

［166］徐佳，崔静波. 低碳城市和企业绿色技术创新［J］. 中国工业经济，2020（12）：178－196.

［167］徐建中，王曼曼. 绿色技术创新、环境规制与能源强度：基于中国制造业的实证分析［J］. 科学学研究，2018，36（4）：744－753.

［168］许林，林思宜，钱淑芳. 环境信息披露、绿色技术创新对融资约束的缓释效应［J］. 证券市场导报，2021（9）：23－33.

［169］许士春，何正霞，龙如银. 环境规制对企业绿色技术创新的影响［J］. 科研管理，2012，33（6）：67－74.

［170］鄢哲明，邓晓兰，杨志明. 异质性技术创新对碳强度的影响：基于全球专利数据［J］. 北京理工大学学报（社会科学版），2017，19（1）：20－27.

［171］闫红蕾，张自力，赵胜民. 资本市场发展对企业创新的影响：基于上市公司股票流动性视角［J］. 管理评论，2020，32（3）：21－36.

［172］闫莹，孙亚蓉，耿宇宁. 环境规制政策下创新驱动工业绿色发展的实证研究：基于扩展的CDM方法［J］. 经济问题，2020（8）：86－94.

［173］阳立高，谢锐，贺正楚，等. 劳动力成本上升对制造业结构升级的

影响研究：基于中国制造业细分行业数据的实证分析 [J]. 中国软科学, 2014 (12): 136-147.

[174] 杨飞. 环境税、环境补贴与清洁技术创新：理论与经验 [J]. 财经论丛, 2017 (8): 19-27.

[175] 杨骞, 秦文晋. 中国产业结构优化升级的空间非均衡及收敛性研究 [J]. 数量经济技术经济研究, 2018, 35 (11): 58-76.

[176] 杨文举, 龙睿赟. 中国地区工业绿色全要素生产率增长：基于方向性距离函数的经验分析 [J]. 上海经济研究, 2012, 24 (7): 3-13, 21.

[177] 杨武, 杨大飞, 雷家骕. R&D 投入对技术创新绩效的影响研究 [J]. 科学学研究, 2019, 37 (9): 1712-1720.

[178] 杨翔, 李小平, 钟春平. 中国工业偏向性技术进步的演变趋势及影响因素研究 [J]. 数量经济技术经济研究, 2019, 36 (4): 101-119.

[179] 姚树俊, 荆玉蕾, 丁冠翔. 智能信息互联、绿色治理能力与制造业环境绩效 [J]. 西安财经大学学报, 2022, 35 (1): 53-65.

[180] 姚毓春, 袁礼, 王林辉. 中国工业部门要素收入分配格局：基于技术进步偏向性视角的分析 [J]. 中国工业经济, 2014 (8): 44-56.

[181] 于克信, 胡勇强, 宋哲. 环境规制、政府支持与绿色技术创新：基于资源型企业的实证研究 [J]. 云南财经大学学报, 2019, 35 (4): 100-112.

[182] 袁宝龙, 李琛. 环境规制政策下创新驱动中国工业绿色全要素生产率研究 [J]. 产业经济研究, 2018 (5): 101-113.

[183] 袁嘉琪, 卜伟. 环境规制如何提升工业绿色全要素生产率?：行业间要素配置比例变化的视角 [J]. 经济问题, 2022 (6): 75-84.

[184] 袁胜军, 俞立平, 钟昌标, 等. 创新政策促进了创新数量还是创新质量?：以高技术产业为例 [J]. 中国软科学, 2020 (3): 32-45.

［185］原毅军，谢荣辉．FDI、环境规制与中国工业绿色全要素生产率增长：基于 Luenberger 指数的实证研究［J］．国际贸易问题，2015（8）：84 - 93．

［186］原毅军，谢荣辉．环境规制与工业绿色生产率增长：对"强波特假说"的再检验［J］．中国软科学，2016（7）：144 - 154．

［187］岳鸿飞，徐颖，吴璘．技术创新方式选择与中国工业绿色转型的实证分析［J］．中国人口·资源与环境，2017，27（12）：196 - 206．

［188］张兵兵，徐康宁，陈庭强．技术进步对二氧化碳排放强度的影响研究［J］．资源科学，2014，36（3）：567 - 576．

［189］张弛，任剑婷．基于环境规制的我国对外贸易发展策略选择［J］．生态经济，2005（10）：169 - 171．

［190］张春香．风险投资对高科技企业技术创新的非线性影响［J］．软科学，2019，33（10）：13 - 19．

［191］张纯洪，刘海英．地区发展不平衡对工业绿色全要素生产率的影响：基于三阶段 DEA 调整测度效率的新视角［J］．当代经济研究，2014（9）：39 - 45．

［192］张丹，李玉双．异质性环境规制、外商直接投资与经济波动：基于动态空间面板模型的实证研究［J］．财经理论与实践，2021，42（3）：65 - 70．

［193］张国兴，冯祎琛，王爱玲．不同类型环境规制对工业企业技术创新的异质性作用研究［J］．管理评论，2021，33（1）：92 - 102．

［194］张建鹏，陈诗一．金融发展、环境规制与经济绿色转型［J］．财经研究，2021，47（11）：78 - 93．

［195］张江雪，蔡宁，毛建素，等．自主创新、技术引进与中国工业绿色增长：基于行业异质性的实证研究［J］．科学学研究，2015，33（2）：185 - 194．

［196］张杰，高德步，夏胤磊．专利能否促进中国经济增长：基于中国专利

资助政策视角的一个解释［J］. 中国工业经济，2016（1）：83 - 98.

［197］张金月，张永庆. 高铁开通对工业绿色全要素生产率的影响：以长江经济带 11 个省份为例［J］. 地域研究与开发，2020，39（4）：24 - 28.

［198］张娟，耿弘，徐功文，等. 环境规制对绿色技术创新的影响研究［J］. 中国人口·资源与环境，2019，29（1）：168 - 176.

［199］张可云，杨孟禹. 国外空间计量经济学研究回顾、进展与述评［J］. 产经评论，2016，7（1）：5 - 21.

［200］张璐，景维民. 技术、国际贸易与中国工业发展方式的绿色转变［J］. 财经研究，2015，41（9）：121 - 132.

［201］张嫚. 环境规制与企业行为间的关联机制研究［J］. 财经问题研究，2005（4）：34 - 39.

［202］张冕，俞立平. 创新要素投入偏向：机制、测度及其效应研究：研发劳动力与研发资本之比合理吗？［J］. 数理统计与管理，2022，41（5）：883 - 898.

［203］张平，张鹏鹏，蔡国庆. 不同类型环境规制对企业技术创新影响比较研究［J］. 中国人口·资源与环境，2016，26（4）：8 - 13.

［204］张倩. 环境规制对技术创新的非线性影响研究：基于中国 2003—2011 年省际面板数据分析［J］. 北京交通大学学报（社会科学版），2016，15（1）：65 - 73.

［205］张少喆，石浩悦. 首席执行官学术经历与企业绿色技术创新［J］. 科技管理研究，2022，42（3）：135 - 144.

［206］张樨樨，曹正旭，徐士元. 长江经济带工业绿色全要素生产率动态演变及影响机理研究［J］. 中国地质大学学报（社会科学版），2021，21（5）：137 - 148.

［207］张晓颖. 经济、环境、社会发展与人：从可持续发展观到包容性绿色增长［J］. 江淮论坛，2014（6）：93 - 98，61.

[208] 张宇，钱水土．绿色金融、环境技术进步偏向与产业结构清洁化 [J]．科研管理，2022，43（4）：129－138．

[209] 张玉明，邢超，张瑜．媒体关注对重污染企业绿色技术创新的影响研究 [J]．管理学报，2021，18（4）：557－568．

[210] 张卓群，张涛，冯冬发．中国碳排放强度的区域差异、动态演进及收敛性研究 [J]．数量经济技术经济研究，2022，39（4）：67－87．

[211] 赵爱武，关洪军．企业环境技术创新激励政策优化组合模拟与分析 [J]．管理科学，2018，31（6）：104－116．

[212] 赵磊，方成．中国省际新型城镇化发展水平地区差异及驱动机制 [J]．数量经济技术经济研究，2019，36（5）：44－64．

[213] 赵莉，张玲．媒体关注对企业绿色技术创新的影响：市场化水平的调节作用 [J]．管理评论，2020，32（9）：132－141．

[214] 赵敏．环境规制的经济学理论根源探究 [J]．经济问题探索，2013（4）：152－155．

[215] 赵文军，于津平．贸易开放、FDI 与中国工业经济增长方式：基于30个工业行业数据的实证研究 [J]．经济研究，2012，47（8）：18－31．

[216] 赵玉民，朱方明，贺立龙．环境规制的界定、分类与演进研究 [J]．中国人口·资源与环境，2009，19（6）：85－90．

[217] 赵志华，吴建南．大气污染协同治理能促进污染物减排吗？：基于城市的三重差分研究 [J]．管理评论，2020，32（1）：286－297．

[218] 甄美荣，江晓壮．环境税对企业绿色技术创新的影响：基于政府质量和绿色购买的调节效应 [J]．大连理工大学学报（社会科学版），2021，42（4）：26－36．

[219] 中国社会科学院工业经济研究所课题组，李平．中国工业绿色转型研究 [J]．中国工业经济，2011（4）：5－14．

[220] 钟优慧，杨志江．国有企业是否更愿意绿色技术创新？：来自制造业上市公司的实证研究 [J]．云南财经大学学报，2021，37（5）：

88 - 98.

[221] 周鹏飞，沈洋．环境规制、绿色技术创新与工业绿色发展［J］．河北大学学报（哲学社会科学版），2022，47（4）：100 - 113.

[222] 周青，王燕灵，杨伟．数字化水平对创新绩效影响的实证研究：基于浙江省 73 个县（区、市）的面板数据［J］．科研管理，2020，41（7）：120 - 129.

[223] 周五七．长三角工业绿色全要素生产率增长及其驱动力研究［J］．经济与管理，2019，33（1）：36 - 42.

[224] 周小亮，吴武林．中国包容性绿色增长的测度及分析［J］．数量经济技术经济研究，2018，35（8）：3 - 20.

[225] 周小亮．包容性绿色发展：理论阐释与制度支撑体系［J］．学术月刊，2020，52（11）：41 - 54.

[226] 朱东波．环境规制、技术创新与中国工业结构绿色转型［J］．工业技术经济，2020，39（10）：57 - 64.

[227] 朱金生，李蝶．环境规制、技术创新与就业增长的内在联系：基于中国 34 个细分工业行业 PVAR 模型的实证检验［J］．人口与经济，2020（3）：123 - 141.

[228] 朱俏俏，孙久文．"一带一路"倡议与中国企业绿色创新［J］．南京社会科学，2020（11）：33 - 40.

[229] 邹洋，叶金珍，李博文．政府研发补贴对企业创新产出的影响：基于中介效应模型的实证分析［J］．山西财经大学学报，2019，41（1）：17 - 26.

[230] Acemoglu D, et al. The environment and directed technical change ［J］. The American Economic Review, 2012, 102（1）：131 - 166.

[231] Alpay E, Kerkvliet B J. Productivity growth and environmental regulation in Mexican and U. S. food manufacturing ［J］. American Journal of Agricultural Economics, 2002, 84（4）：887 - 901.

[232] Amore M D, Bennedsen M. Corporate governance and green innovation [J]. Journal of Environmental Economics and Management, 2016, 75: 54 - 72.

[233] Anderson B, Maria C. Abatement and allocation in the pilot phase of the EU ETS. environ [J]. Environmental and Resource Economics, 2011, 48: 83 - 103.

[234] Antonelli C, Feder C. A long-term comparative analysis of the direction and congruence of technological change [J]. Socio-Economic Review, 2021, 19 (2): 583 - 605.

[235] Antweiler W, Copeland B R, Taylor M S. Is free trade good for the environment? [J]. American Economic Review, 2001, 91 (4): 877 - 908.

[236] Autio E, et al. Digital affor-dances, spatial affordances, and the genesis of entrepreneurial ecosystems [J]. Strategic Entrepreneurship Journal, 2018, 12 (1): 72 - 95.

[237] Banerjee R, Roy S. Human capital, technological progress and trade: What explains India's long run growth? [J]. Journal of Asian Economics, 2014, 30: 15 - 31.

[238] Barbera A J, McConnell V D. The impact of environmental regulations on industry productivity: Direct and indirect effects [J]. Journal of Environmental Economics & Management, 1990, 18 (1): 50 - 65.

[239] Barbieri N. Investigating the impacts of technological position and European environmental regulation on green automotive patent activity [J]. Ecological Economics, 2015, 117: 140 - 152.

[240] Baron R M, Kenny D A. The moderator-mediator variable distinction in social psychological research: Conceptual, strategic, and statistical considerations [J]. Journal of Personality and Social Psychology, 1986, 51

(6): 1173 – 1182.

[241] Becker R, Henderson V. Effects of air quality regulations on polluting industries [J]. Journal of Political Economy, 2000, 108 (2): 379 – 421.

[242] Bellas C P, Skourtos M S. Environmental regulation and costs of information: Some indications from Greek industry [J]. Journal of Environmental Management, 1996, 47 (3): 205 – 221.

[243] Blackman A, Kildegaard A. Clean technological change in developing-country industrial clusters: Mexican leather tanning [J]. Environmental Economics and Policy Studies, 2010, 12 (3): 115 – 132.

[244] Bu M, Qiao Z, Liu B. Voluntary environmental regulation and firm innovation in China [J]. Economic Modelling, 2020 (89): 10 – 18.

[245] Buonanno P, Carraro C, Galeotti M. Endogenous induced technical change and the costs of Kyoto [J]. Resource & Energy Economics, 2003, 25 (1): 11 – 34.

[246] Bushnell J B, Chong H, Mansur E T. Profiting from regulation: Evidence from the European carbon market [J]. American Economic Journal: Economic Policy, 2013, 5 (4): 78 – 106.

[247] Böcher M. A theoretical framework for explaining the choice of instruments in environmental policy [J]. Forest Policy and Economics, 2012, 16: 14 – 22.

[248] Cai X, et al. Can direct environmental regulation promote green technology innovation in heavily polluting industries? Evidence from Chinese listed companies [J]. Science of the Total Environment, 2020, 746: 140810 – 140810.

[249] Cai X, et al. Does environmental regulation drive away inbound foreign direct investment? Evidence from a quasi-natural experiment in China [J].

Journal of Development Economics, 2016, 123: 73 – 85.

[250] Calel R, Dechezlepretre A. Environmental policy and directed technological change: Evidence from the European carbon market [J]. Review of Economics and Statistics, 2016, 98 (1): 173 – 191.

[251] Camilo D. A new approach to the decomposition of the Gini income inequality ratio [J]. Empirical Economics, 1997, 22 (4): 515 – 531.

[252] Chakraborty P, Chatterjee C. Does environmental regulation indirectly induce upstream innovation? New evidence from India [J]. Research Policy, 2017, 46 (5): 939 – 955.

[253] Chen L M, Wang W P. The action mechanism analysis of environmental pressures on the development of environmentally friendly technologies using a neo-schumperian model [J]. Journal of Cleaner Production, 2017, 141: 1454 – 1466.

[254] Chen S, Golley J. 'Green' productivity growth in China's industrial economy [J]. Energy Economics, 2014, 44: 89 – 98.

[255] Cheng C C J. Sustainability orientation, green supplier involvement, and green innovation performance: Evidence from diversifying green entrants [J]. Journal of Business Ethics, 2020, 161 (2): 393 – 414.

[256] Cheng Z, Li L, Liu J. The emissions reduction effect and technical progress effect of environmental regulation policy tools [J]. Journal of Cleaner Production, 2017, 149: 191 – 205.

[257] Chintrakarn P. Environmental regulation and U. S. states' technical inefficiency [J]. Economics Letters, 2008, 99 (3): 363 – 365.

[258] Chung Y H, Färer R, Grosskopf S. Productivity and undesirable outputs: A directional distance function approach [J]. Journal of Environmental Management, 1997, 51 (3): 229 – 240.

[259] Chung S. Environmental regulation and foreign direct investment: Evi-

dence from South Korea [J]. Journal of Development Economics, 2014, 108: 222 – 236.

[260] Coase R H. The Problem of Social Cost [J]. Journal of Law and Economics, 1960, 3: 1 – 44.

[261] Cole M A, Elliott R J R, Shimamoto K. Industrial characteristics, environmental regulations and air pollution: An analysis of the UK manufacturing sector [J]. Journal of Environmental Economics and Management, 2005, 50 (1): 121 – 143.

[262] Cole M A, Fredriksson P G. Institutionalized pollution havens [J]. Ecological Economics, 2009, 68 (4): 1239 – 1256.

[263] Colletaz G, Hurlin C. Threshold Effects of the Public Capital Productivity: An International Panel Smooth Transition Approach [R]. LEO Working Paper No. 1, 2006.

[264] Commins N, et al. Climate policy & corporate behavior [J]. The Energy Journal, 2011: 51 – 68.

[265] Dam L, Scholtens B. The curse of the haven: The impact of multinational enterprise on environmental regulation [J]. Ecological Economics, 2012, 78 (4): 148 – 156.

[266] Dasgupta S, et al. Environmental regulation and development: A cross-country empirical analysis [R]. World Bank Policy Research Working Paper No. 1448, 1995.

[267] Dong Z Q, et al. Is there a ripple effect in environmental regulation in China? Evidence from the local-neighborhood green technology innovation perspective [J]. Ecological Indicators, 2020, 118: 106773.

[268] Du K, Cheng Y, Yao X. Environmental regulation, green technology innovation, and industrial structure upgrading: The road to the green transformation of Chinese cities [J]. Energy Economics, 2021, 98: 105247.

[269] Eichner T, Pethig R. International carbon emissions trading and strategic incentives to subsidize green energy [J]. Resource and Energy Economics, 2014, 36 (2): 469 – 486.

[270] Ellerman A D, Buchner B K. Over-allocation or abatement? A preliminary analysis of the EU ETS based on the 2005 – 06 emissions data [J]. Environmental and Resource Economics, 2008, 41: 267 – 287.

[271] El-Kassar A N, Singh S K. Green innovation and organizational performance: The influence of big data and the moderating role of management commitment and HR practices [J]. Technological Forecasting and Social Change, 2019, 144: 483 – 498.

[272] Esmaeilpoorarabi N, et al. How does the public engage with innovation districts? Societal impact assessment of Australian innovation districts [J]. Sustainable Cities and Society, 2020, 52: 101813.

[273] Fan Y, Wang X. Which sectors should be included in the ETS in the context of a unified carbon market in China? [J]. Energy & Environment, 2014, 25 (3 – 4): 613 – 634.

[274] Foulon J, Lanoie P, Laplante B. Incentives for pollution control: Regulation or information? [J]. Journal of Environmental Economics & Management, 2002, 44 (1): 169 – 187.

[275] Fu J, Xiao G, Wu C. Urban green transformation in Northeast China: A comparative study with Jiangsu, Zhejiang and Guangdong provinces [J]. Journal of Cleaner Production, 2020, 273: 122551.

[276] Färe R, et al. Productivity Growth, Technical Progress, and Efficiency Change in Industrialized Countries [J]. The American Economic Review, 1994, 84 (1): 66 – 83.

[277] Färe R, Grosskopf S, Pasurka C A. Environmental production functions and environmental directional distance functions [J]. Energy, 2007, 32

(7): 1055 – 1066.

[278] Fünfgelt J, Schulze G G. Endogenous environmental policy for small open economies with transboundary pollution [J]. Economic Modelling, 2016, 57: 294 – 310.

[279] Gaffney O, Steffen W. The anthropocene equation [J]. The Anthropocene Review, 2017, 4 (1): 53 – 61.

[280] Gagelmann F, Frondel M. The impact of emission trading on innovation: Science fiction or reality? [J]. European Environment, 2005, 15 (4): 203 – 211.

[281] Gallié E P, Legros D. Firms' human capital, R&D and innovation: A study on French firms [J]. Empirical Economics, 2012, 43 (2): 581 – 596.

[282] Ganotakis P, Love J H. R&D, product innovation, and exporting: Evidence from UK new technology based firms [J]. Oxford Economic Papers, 2011, 63 (2): 279 – 306.

[283] Goldfarb A, Tucker C. Digital economics [J]. Journal of Economic Literature, 2019, 57 (1): 3 – 43.

[284] González A, Teräsvirta T, Dijk D. Panel Smooth Transition Regression Model [R]. Working Paper, Series in Economics and Finance, 2005.

[285] Gray W B, Shadbegian R J. Plant vintage, technology, and environmental regulation [J]. Journal of Environmental Economics and Management, 2003, 46 (3): 384 – 402.

[286] Grimes P, Kentor J. Exporting the green house: Foreign capital penetration and CO2 emissions 1980 – 1996 [J]. Journal of World-Systems Research, 2003, 9 (2): 261 – 273.

[287] Grossman G M, Krueger A B. Economic growth and the environment [J]. The Quarterly Journal of Economics, 1995, 110 (2): 353 – 377.

［288］ Guan J C, et al. Does country-level R&D efficiency benefit from the collaboration network structure? ［J］. Research Policy, 2016, 45（4）: 770 – 784.

［289］ Habeşoğlu O, et al. A study of environmental degradation in turkey and its relationship to oil prices and financial strategies: Novel findings in context of energy transition ［J］. Frontiers in Environmental Science. 10, 876809. doi: 10. 3389/fenvs. 2022. 876809.

［290］ Hancevic P I. Environmental regulation and productivity: The case of electricity generation under the CAAA-1990 ［J］. Energy Economics, 2016, 60: 131 – 143.

［291］ Hansen B E. Threshold effects in non-dynamic panels: Estimation, testing, and inference ［J］. Journal of Econometrics, 1999, 93（2）: 345 – 368.

［292］ Hille E, Möbius P. Environmental policy, innovation, and productivity growth: Controlling the effects of regulation and endogeneity ［J］. Environmental and Resource Economics, 2019, 73（4）: 1315 – 1355.

［293］ Hou J, et al. Does industrial green transformation successfully facilitate a decrease in carbon intensity in China? An environmental regulation perspective ［J］. Journal of Cleaner Production, 2018, 184: 1060 – 1071.

［294］ Howlett M, Ramesh M, Perl A. Studying public policy: Policy cycles and policy subsystems ［M］. Oxford: Oxford university press, 2009.

［295］ Hu J, Huang Q, Chen X. Environmental regulation, innovation quality and firms' competitivity — Quasi-natural experiment based on China's carbon emissions trading pilot ［J］. Economic Research-Ekonomska Istraživanja, 2020a, 33（1）: 3307 – 3333.

［296］ Hu J, Pan X, Huang Q. Quantity or quality? The impacts of environmental regulation on firms' innovation-Quasi-natural experiment based on China's carbon emissions trading pilot ［J］. Technological Forecasting and

Social Change, 2020b. DOI: 2020. 120122.

[297] Jacobson L S, LaLonde R J, Sullivan D G. Earnings losses of displaced workers [J]. American Economic Review, 1993, 83 (4): 685 – 709.

[298] Jaffe A B, Palmer K. Environmental regulation and innovation: A panel data study [J]. Review of Economics & Statistics, 1997, 79 (4): 610 – 619.

[299] Javorcik B S, Wei S J. Pollution havens and foreign direct investment: Dirty secret or popular myth? [J]. Contributions in Economic Analysis & Policy, 2004, 3 (2): 1 – 32.

[300] Jiang Z, et al. Green innovation transformation, economic sustainability and energy consumption during China's new normal stage [J]. Journal of Cleaner Production, 2020, 273: 123044.

[301] Kaivo-Oja J, Luukkanen J, Malaska P. Sustainability evaluation frameworks and alternative analytical scenarios of national economies [J]. Population and Environment, 2001, 23 (2): 193 – 215.

[302] Kalt G, Kranzl L. Assessing the economic efficiency of bioenergy technologies in climate mitigation and fossil fuel replacement in Austria using a techno-economic approach [J]. Applied Energy, 2011, 88 (11): 3665 – 3684.

[303] Kemp R, Pontoglio S. The innovation effects of environmental policy instruments: A typical case of the blind men and the elephant? [J]. Ecological Economics, 2011, 72, 28 – 36.

[304] Kirkulak B, Qiu B, Yin W. The impact of FDI on air quality: Evidence from China [J]. Journal of Chinese Economic and Foreign Trade Studies, 2011, 4 (2): 81 – 98.

[305] Kleer R. Government R&D subsidies crowd out private investment? [J]. Research Policy, 2010 (10): 1361 – 1374.

[306] Kneller R, Manderson E. Environmental regulations and innovation activity in UK manufacturing industries [J]. Resource and Energy Economics, 2012, 34: 211 – 235.

[307] Lee J, Veloso F M, Hounshell D A. Linking induced technological change, and environmental regulation: Evidence from patenting in the US auto industry [J]. Research Policy, 2011, 40 (9): 1240 – 1252.

[308] Lesage J, Pace R K. Introduction to Spatial Econometrics [M]. CRC Press, 2009.

[309] Levinsohn J, Petrin A. Estimating production functions using inputs to control for unobservables [J]. The Review of Economic Studies, 2003, 70 (2): 317 – 341.

[310] Levinson A, Taylor M. Unmasking the pollution haven effect [J]. International Economic Review, 2008, 49 (1): 232 – 254.

[311] Li H, et al. An evaluation of the impact of environmental regulation on the efficiency of technology innovation using the combined DEA model: A case study of Xi'an, China [J]. Sustainable Cities and Society, 2018, 42: 355 – 369.

[312] Lin B, Jia Z. The impact of Emission Trading Scheme (ETS) and the choice of coverage industry in ETS: A case study in China [J]. Applied energy, 2017, 205: 1512 – 1527.

[313] Liu Y, et al. Digital economy development, industrial structure upgrading and green total factor productivity: Empirical evidence from China's cities [J]. International Journal of Environmental Research and Public Health, 2022, 19 (4): 2414.

[314] Liu Z, Sun H. Assessing the impact of emissions trading scheme on low-carbon technological innovation: Evidence from China [J]. Environmental Impact Assessment Review, 2021, 89, 106589.

［315］ Ljungwall C，Linde-Rahr M. Environmental policy and the location of FDI in China ［R］. CCER Working Paper，2005.

［316］ Löfgren Å，et al. Why the EU ETS needs reforming：An empirical analysis of the impact on company investments ［J］. Climate Policy，2014，14 (5)：537 – 558.

［317］ Löschel A，Lutz B J，Managi S. The impacts of the EU ETS on efficiency and economic performance：An empirical analyses for German manufacturing firms ［J］. Resource and Energy Economics，2019，56：71 – 95.

［318］ Mao W，Wang W，Sun H. Driving patterns of industrial green transformation：A multiple regions case learning from China ［J］. Science of the Total Environment，2019，697：134134.

［319］ Marconi D. Environmental regulation and revealed comparative advantages in Europe：Is China a pollution haven? ［J］. Review of International Economics，2012，20 (3)：616 – 635.

［320］ Marin G. Do eco-innovations harm productivity growth through crowding out? Results of an extended CDM model for Italy ［J］. Research Policy，2014，43 (2)：301 – 317.

［321］ Martin R，Muûls M，Wagner U J. The impact of the European Union Emissions Trading Scheme on regulated firms：What is the evidence after ten years? ［J］. Review of Environmental Economics and Policy，2016，10 (1)：129 – 148.

［322］ Martin R，Muûls M，Wagner U. Carbon markets，carbon prices and innovation：Evidence from interviews with managers ［C］. Annual Meetings of the American Economic Association，San Diego，2013.

［323］ Mcleod J M，Glynn C J，Griffin R. J. Communication and energy conservation ［J］. Journal of Environmental Education，1987，18 (3)：29 – 37.

［324］ Meng F，et al. Urban ecological transition：The practice of ecological civilization construction in China [J]. Science of The Total Environment, 2021, 755: 142633.

[325] Meng F, Zhao Y. How does digital economy affect green total factor productivity at the industry level in China: From a perspective of global value chain [J]. Environmental Science and Pollution Research, 2022: 1 – 19.

[326] Meng X. Research on technological innovation effect of environmental regulation from perspective of industrial transfer: Evidence in China's thermal power industry [J]. Cleaner Engineering and Technology, 2021, 4: 100178.

[327] Meuleman M, Maeseneire W D. Do R&D subsidies affect SME's: Access to external financing [J]. Research Policy, 2012, 41 (3): 580 – 591.

[328] Min B S. Regional cooperation for control of transboundary air pollution in East Asia [J]. Journal of Asian Economics, 2001, 12: 137 – 153.

[329] Minihan E S, Wu Z. Economic structure and strategies for greenhouse gas mitigation [J]. Energy Economics, 2012, 34 (1): 350 – 357.

[330] Mubarak M F et al. How Industry 4.0 technologies and open innovation can improve green innovation performance? [J]. Management of Environmental Quality, 2021, 32 (5): 1007 – 1022.

[331] Oberndorfer U. EU emission allowances and the stock market: Evidence from the electricity industry [J]. Ecological Economics, 2009, 68 (4): 1116 – 1126.

[332] Orsato R J. Competitive environmental strategies: When does it pay to be green? [J]. California Management Review, 2006, 48 (2): 127 – 143.

[333] Palmer K et al. Federal policies for renewable electricity: Impacts and interactions [J]. Energy Policy, 2011, 39 (7): 3975 – 3991.

[334] Park W. Alternative analysis of the transboundary air pollution problems in

Northeast Asia [J]. Journal of Consulting & Clinical Psychology, 2009, 77: 987 – 992.

[335] Pazienza P. The environmental impact of the FDI inflow in the transport sector of OECD countries and policy implications [J]. International Advances in Economic Research, 2015, 21 (1): 105 – 116.

[336] Pierce D W, Anil M, Edward B. Blueprint for a green economy [R]. London: Earthscan, 1989.

[337] Popp D, Newell R G, Jaffe A B. Energy, the environment, and technological change [J]. Handbook of the Economics of Innovation, 2010, 2: 873 – 937.

[338] Porter M E, Van-der-Linde C. Toward a new conception of the environment-competitiveness relationship [J]. Journal of Economic Perspectives, 1995, 9 (4): 97 – 118.

[339] Qiu S, Wang Z, Geng S. How do environmental regulation and foreign investment behavior affect green productivity growth in the industrial sector? An empirical test based on Chinese provincial panel data [J]. Journal of Environmental Management, 2021, 287: 112282.

[340] Requate T, Unold W. Environmental policy incentives to adopt advanced abatement technology: Will the true ranking please stand up? [J]. European Economic Review, 2003, 47 (1): 125 – 146.

[341] Rogge K S, Schneider M, Hoffmann V H. The innovation impact of the EU Emission Trading System: Findings of company case studies in the German power sector [J]. Ecological Economics, 2011, 70 (3): 513 – 523.

[342] Romer P M. Endogenous technological change [J]. Journal of Political Economy, 1990, 98 (5): S71 – S102.

[343] Schaltegger S, Burritt R, Petersen H. An Introduction to Corporate Environmental Management: Striving for Sustainability [M]. Sheffield, UK:

Emerald Group Publishing Limited, 2003.

［344］Schiff M, Wang Y. Education, Governance and Trade-related Technology Diffusion in Latin America ［R］. World Bank and Carleton University Working Paper, 2004.

［345］Schleicher N, et al. Efficiency of mitigation measures to reduce particulate air pollution—A case study during the Olympic Summer Games 2008 in Beijing, China ［J］. Science of the Total Environment, 2012, 427: 146 – 158.

［346］Shahbaz M, et al. Does foreign direct investment impede environmental quality in high-, middle-, and low-income countries? ［J］. Energy Economics, 2015, 51: 275 – 287.

［347］Shen N, et al. Different types of environmental regulations and the heterogeneous influence on the environmental total factor productivity: Empirical analysis of China's industry ［J］. Journal of Cleaner Production, 2019, 211: 171 – 184.

［348］Shi X, Li L. Green total factor productivity and its decomposition of Chinese manufacturing based on the MML index: 2003 – 2015 ［J］. Journal of Cleaner Production, 2019, 222: 998 – 1008.

［349］Smale R, et al. The impact of CO2 emissions trading on firm profits and market prices ［J］. Climate Policy, 2006, 6 (1): 31 – 48.

［350］Song M et al. Green technology progress and total factor productivity of resource-based enterprises: A perspective of technical compensation of environmental regulation ［J］. Technological Forecasting and Social Change, 2022, 174: 121276.

［351］Song M, et al. Could environmental regulation and R&D tax incentives affect green product innovation? ［J］. Journal of Cleaner Production, 2020, 258: 120849.

[352] Song Z, Liu W, Tang Z. Green and compatible industrial development in Western China [J]. Chinese Journal of Population Resources and Environment, 2014, 12 (1): 24 –32.

[353] Su H N, Moaniba I M. Does innovation respond to climate change? Empirical evidence from patents and greenhouse gas emissions [J]. Technological Forecasting and Social Change, 2017, 122 (5): 49 –62.

[354] Sun H, Liu Z, Chen Y. Foreign direct investment and manufacturing pollution emissions: A perspective from heterogeneous environmental regulation [J]. Sustainable Development, 2020, 28 (5): 1376 –1387.

[355] Teixidó J, Verde S F, Nicolli F. The impact of the EU Emissions Trading System on low-carbon technological change: The empirical evidence [J]. Ecological Economics, 2019, 164: 106347.

[356] Tone K. Dealing with Undesirable Outputs in DEA: A Slacks-based Measure (SBM) Approach [R]. GRIPS Research Report Series, 2003.

[357] Usman M et al. Do FanNuclear Energy, Renewable Energy, and Environmental-Related Technologies Asymmetrically Reduce Ecological Footprint? Evidence from Pakistan [J]. Energies, 2022, 15 (9): 3448 –3448.

[358] Usman M, Hammar N. Dynamic relationship between technological innovations, financial development, renewable energy, and ecological footprint: Fresh insights based on the STIRPAT model for asia pacific economic cooperation countries [J]. Environmental Science and Pollution Research, 2020, 28: 15519 –15536.

[359] Veefkind V, et al. A new EPO classification scheme for climate change mitigation technologies [J]. World Patent Information, 2012, 34 (2): 106 –111.

[360] Veith S, Werner J R, Zimmermann J. Capital market response to emis-

sion rights returns: Evidence from the European power sector [J]. Energy Economics, 2009, 31 (4): 605 – 613.

[361] Walter I, Ugelow J L. Environmental policies in developing countries [J]. Ambio, 1979, 102 – 109.

[362] Wang H, Cui H, Zhao Q. Effect of green technology innovation on green total factor productivity in China: Evidence from spatial Durbin model analysis [J]. Journal of Cleaner Production, 2020b, 288 (1): 125624.

[363] Wang H, Zhao L, Xie Y, Hu Q. "APEC blue" —The effects and implications of joint pollution prevention and control program [J]. Science of the Total Environment, 2016, 553: 429 – 438.

[364] Wang K L, et al. Combining the biennial Malmquist-Luenberger index and panel quantile regression to analyze the green total factor productivity of the industrial sector in China [J]. Science of The Total Environment, 2020a, 739: 140280.

[365] Wheeler D. Racing to the bottom? Foreign investment and air pollution in developing countries [J]. The Journal of Environment & Development, 2001, 10 (3): 225 – 245.

[366] Wu H Y, et al. Westward movement of new polluting firms in China: Pollution reduction mandates and location choice [J]. Journal of Comparative Economics, 2017, 45 (1): 119 – 138.

[367] Wu H, Hao Y, Ren S. How do environmental regulation and environmental decentralization affect green total factor energy efficiency: Evidence from China [J]. Energy Economics, 2020, 91: 104880.

[368] Wu H, Hu S. The impact of synergy effect between government subsidies and slack resources on green technology innovation [J]. Journal of Cleaner Production, 2020, 274 (1): 122682.

[369] Xie R, et al. Effects of financial agglomeration on green total factor pro-

ductivity in Chinese cities: Insights from an empirical spatial Durbin model [J]. Energy Economics, 2021, 101: 105449.

[370] Xie R, Yuan Y, Huang J. Different types of environmental regulations and heterogeneous influence on "Green" productivity: Evidence from China [J]. Ecological Economics, 2017, 132: 104 – 112.

[371] Xing Y, Kolstad C D. Do lax environmental regulations attract foreign investment? [J]. Environmental and Resource Economics, 2002, 21 (1): 1 – 22.

[372] Xu M, Wu J. Can Chinese-style environmental collaboration improve the air quality? A quasi-natural experimental study across Chinese cities [J]. Environmental Impact Assessment Review, 2020, 85: 106466.

[373] Yang X, Jia Z, Yang Z. How does technological progress impact transportation green total factor productivity: A spatial econometric perspective [J]. Energy Reports, 2021, 7: 3935 – 3950.

[374] Yuan B, Zhang Y. Flexible environmental policy, technological innovation and sustainable development of China's industry: The moderating effect of environment regulatory enforcement [J]. Journal of Cleaner Production, 2020, 243: 118543.

[375] Zhang J, et al. Understanding the impact of environmental regulations on green technology innovation efficiency in the construction industry [J]. Sustainable Cities and Society, 2021, 65: 102647.

[376] Zhang M, Li H. New evolutionary game model of the regional governance of haze pollution in China [J]. Applied Mathematical Modelling, 2018, 63: 577 – 590.

[377] Zhang Y, et al. Impact of environmental regulations on green technological innovative behavior: An empirical study in China [J]. Journal of Cleaner Production, 2018, 188: 763 – 773.

［378］ Zhang Y，Zhang J. Estimating the impacts of emissions trading scheme on low-carbon development ［J］. Journal of Cleaner Production，2019，238：117913.

［379］ Zhao L，et al. Can public participation constraints promote green technological innovation of Chinese enterprises? The moderating role of government environmental regulatory enforcement ［J］. Technological Forecasting & Social Change，2022，174：121198.

［380］ Zhao X L，et al. Corporate behavior and competitiveness：Impact of environmental regulation on Chinese firms ［J］. Journal of Cleaner Production，2015，86：311 – 322.

［381］ Zhou B et al. How does emission trading reduce China's carbon intensity? An exploration using a decomposition and difference-in-differences approach ［J］. Science of The Total Environment，2019，676：514 – 523.

［382］ Zhu J，Fan Y，Deng X，Xue L. Low-carbon innovation induced by emissions trading in China ［J］. Nature Communications，2019，10：1 – 8.

［383］ Zhu X，Zuo X，Li H. The dual effects of heterogeneous environmental regulation on the technological innovation of Chinese steel enterprises—Based on a high-dimensional fixed effects model ［J］. Ecological Economics，2021，188：107113.

［384］ Zou H，Zhang Y. Does environmental regulatory system drive the green development of China's pollution-intensive industries? ［J］. Journal of Cleaner Production，2022，330：129832.